PROBLEM SOLVING

新人コンサルタントが入社時に叩き込まれる

「問題解決」基礎講座

松浦剛志 TAKESHI MATSUURA
中村一浩 KAZUHIRO NAKAMURA

日本実業出版社

はじめに

問題解決とは、仕事そのもの

本書を手にとっていただき、ありがとうございます。

本書を手にとったあなたは、プロフェッショナルとして仕事に向き合っている、またはこれから向き合う覚悟をもった、まさにこれからの時代を担うリーダーとなる方だと確信しています。

若手のコンサルタントかもしれません。

コンサルタントに限らず、ビジネスの最前線で、新しい商品やサービスを企画する立場かもしれません。

お客様に自社の商品やサービスを推奨し、お客様の生活やビジネスに貢献する立場かもしれません。

製造やサービスの現場があなたの職場かもしれません。

あらゆる職場・職種であってもプロフェッショナルとして仕事をする以上、「問題を解決する」ことはあなたにとって、常に大切な任務のはずです。

定型的な業務を実施する立場だとしても、書類やデータを右から左へ流すだけでは作業です。

定型的な作業と同時に、もっと正確に、もっと効率よく、もっと速くするにはどうするべきか、あなたは常に考えることを求められているはずです。それがプロフェッショナルとしての仕事です。

「もっと」正確に、「もっと」効率よく、「もっと」速く……、この「もっと」は、理想を高くもつことを意味しています。そしてその理想と現実のギャップを埋めていくこと、それこそが問題解決です。

仕事とは問題解決そのものです。

プロフェッショナルとして仕事をする以上、問題解決のプロフェッショナルであることも必然的に求められます。

しかし、私たちは、義務教育はもとより、高等教育でさえ、問題解決のプロフェッショナルになるための教育を十分に受けることができなかったように思います。

著者である私たち、松浦剛志と中村一浩も、社会に出るまで、体系的な問題解決の手法を学ぶ機会はありませんでした。

しかし、幸いなことに、海外有名大学のMBAホルダーや、一流の経営コンサルタントとして活躍している先輩や上司に、問題解決の手法を「叩き込まれる」機会に恵まれました。

若手時代に叩き込まれた問題解決の手法は、私たちの中核的スキルとなり、今日に至るまでのキャリアの礎《いしずえ》となっています。

私たちは、現在、大手コンサルティングファームに所属するのではなく、それぞれ独立コンサルタントとして、クライアントとともに多くの問題解決に向き合っています。

大手コンサルティングファームの看板がないなかで、クライアントから問題解決のパートナーとして選んでいただける理由は、この中核的スキルへの信頼があるからだと自負しています。

私たちが若手時代に「叩き込まれた」問題解決の手法を、現在、46歳の松浦剛志と、38歳の中村一浩が、さらに体系的に、わかりやすく磨き上げたものが本書です。

本書を手に取った志《こころざし》高いあなたが、「問題解決のプロフェッショナル」として仕事でさらに活躍できるよう、松浦剛志と中村一浩が、問題解決の技術を、余すところなく解説していきます。

問題解決の要は「プロセス」と「ポイント」

仕事で向き合う１つひとつの問題はすべてが異なり、同じ問題が同じ状況で発生することは二度とないかもしれません。しかし、問題解決には、ある程度決まった手順、つまり「プロセス」があり、ここに気をつけるとぐんと解決への近道になるという勘所、つまり「ポイント」があります。

この「プロセス」と「ポイント」こそが、本書で解説する問題解決の技術です。本書では以下のプロセスにそって解説を進めていきます。

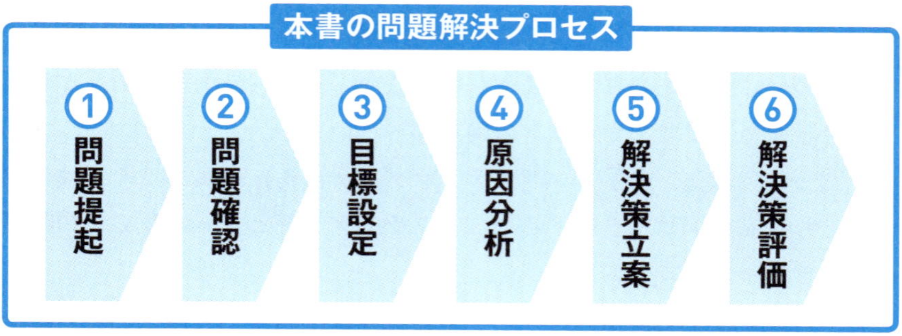

また、問題解決のプロセスだけではなく、「ポイント」も解説していきます。

ポイントのうち外してはならない必須のものは、第１章でとりあげます。

そして、上級者のための発展的なポイントは、第３章でとりあげます。

そのあいだの第２章では、プロセスの細かい解説をします。

先ほど紹介した６ステップのプロセスに違和感をもった方がいるかもしれません。かつて参加した問題解決に関するセミナーや読んだ本とは異なる……、と思ったかもしれません。それらの疑問には第２章でこたえていきます。

最後の第４章では、問題解決で役立つ思考法について解説します。

思考法とは、ひと言で言うと「論理的な思考法」です。

本書では、勘と経験ではなく、「論理」を拠りどころとした問題解決の技術を解説していきます。その拠りどころとなっている「論理的な思考法」のなかでも、特に問題解決で役立つものを厳選し、コンパクトにまとめてお伝えします。

最後までじっくりとお付き合いください。

2016年５月

松《まつ》浦《うら》　剛《たけ》志《し》

中《なか》村《むら》　一《かず》浩《ひろ》

新人コンサルタントが入社時に叩き込まれる
「問題解決」基礎講座

CONTENTS

第1部

問題解決の基礎知識

第1章 問題解決のプロセス

‖ 第2部 ‖
問題解決の応用知識

第3章 問題解決のポイント

第4章 問題解決で役立つ思考法

●カバーデザイン／冨澤 崇（EBranch）
●本文デザイン／斎藤 充（クロロス）

第0章

問題解決の大前提

「ゴール志考」をもて！

　問題解決で一番大切なことは、問題を「解決」することです。
　しかし、いざ問題解決を始めると、ほとんどの人が問題解決のゴールである「問題の解決」に必要な「心と頭」の最適な状態を維持できなくなります。

　つい、原因の分析作業に、時間をかけすぎてしまう。
　つい、解決策の選択肢を、幅広く探しすぎてしまう。
　つい、周囲への根まわしに、意識を向けすぎてしまう。

　問題解決のプロセスにある、目先のステップに囚《とら》われてしまうのです。
　より効率的に、効果的に問題を解決するためにはまず、「ゴール志《し》考《こう》」を身につけましょう。この**「ゴール志考」とは、造語で、「ゴール志向」と「ゴール思考」を合わせたもの**です。

- 「ゴール志向」：問題解決に携わる人間は、常に「絶対に解決する！」という熱意をもつことが重要（＝志）
- 「ゴール思考」：問題解決に携わる人間は、常に「ベストな解決策を考える」クールな頭をもつことが重要（＝考）

　問題解決では、この「ゴール志考」をもつことを、忘れてはいけません。この「ゴール志考」だけは、いつも念頭においてください。

ゴール志考

原則01

「ベストな解決策」よりも「確実な実行」

どんなに素晴らしい解決策を見出しても、問題を解決できなければ「絵に描いた餅」。大切なのは、**ベストな解決策の考案に全力を集中させることではなく、たとえベターな解決策であっても、確実に実行まで力を注ぐこと**です。「ベターな解決策」といっても、解決策の考案を軽視するという意味ではありません。「解決策は『考案』と『実行』の両方が大切である」ということで、次のように表現できます。

- **最終成果 ＝ 解決策の考案 × 解決策の実行**

解決策の「考案」と「実行」、そのどちらかが「０」になれば、成果は「０」になるので、やはり、「解決策の考案」は重要です。しかし、問題解決のプロセスでは、「解決策の実行」が軽く見られがちなので、ここではその大切さを強調したいと思います。

解決策の実行を軽視してはいけない理由が２つあります。

１つ目。実行には、多くの時間とエネルギーを費やすことになります。実行の軽視は、時間とエネルギーが足りなくなり、実行しきれなくなる可能性を生みます。

２つ目。解決策の実行には、新たな「問題の解決」が必要になるからです。現実は思っているよりも複雑で、実行の道のりでは「本質は外していないが、局面ごとに想定外の問題につき当たる」ことが多いのです。解決策の実行を軽視して、「後はあなただけで、この解決策を実施してください」などと無責任に仕事を投げてしまっては、実行段階で挫折してしまいかねません。

実行段階では、貴重な資源を費やすこと、想定外の問題が起こることを前提として、粘り強く前に進めていくことが重要なのです。

ゴール志考

原則 02

時間配分を常に意識する

問題解決は、問題を解決する一連のプロセスです。ステップを踏みながら、問題解決のプロセスを進めていきます。

各ステップへの時間配分を無計画に進めると、問題の解決にたどりつくまでに当初の想定を上まわる時間を要してしまいがちです。また、各ステップでは、想定外の事実の判明や、意見の衝突など、時間を要する要因がたくさん発生します。

各ステップを確実に実行していくためにも、想定外の事態に時間を食い潰されすぎないためにも、時間配分を十分におこないましょう。具体的には、次の２点を重視します。

①あらかじめ全体の時間を各ステップに割り当てて、管理する

②想定外の時間が必要になったときは、時間を再調整する

話し合う事柄が明確になっている会議や、やるべきことが明確になっているプロジェクトでは、時間配分が当たり前のことかもしれませんが、問題解決になると意外と時間配分のことを忘れがちになるので、十分に注意してください。

問題解決では、想定通りに進むこと自体がまれなのであらかじめ時間に余裕をもたせておくことと、スケジュール・内容などを変更した際の関係者への影響も、考慮することが大切です。

問題解決には、問題を「絶対に解決する！」という「志」だけでなく、そのために頭を最大限に働かせる「考」が重要です。

冷静に全体を見渡しながら、時間配分に意識を向け続けましょう。

ゴール志考

原則 03

話を横道にそらさない

各ステップに配分された時間を超過してしまう大きな原因は「ムダ」です。時間が足りなくなる原因として、想定外の事情もありますが、「ムダな時間」も無視できない存在です。

ムダな時間とは、問題解決の本質から外れた時間のことで、たとえば次のようなことです。

- 「問題提起」の際、意見の違いからケンカになった
- 「原因分析」の際、気になる他のデータの分析をしてしまった
- 「解決策立案」の際、たとえ話から雑談が始まった

限られた時間と人手で成果を出すために、こういったムダな時間は徹底的に削減する必要があります。特に会議の場でのムダは、解決までの時間を延ばすだけでなく、そこに参加するメンバーの時間も浪費することになります。

もちろん、上の例においても、そのすべてがムダとは言い切れず、そこから得られるものがあることも事実です。しかし、**限られた時間と人手で結果を出すためには、「これは問題解決に必要か」という姿勢を常にもつことが大切です。**

繰り返しになりますが、「ゴール志考を身につける」とは、「絶対に解決する！」という「志」をもちながら、冷静に全体を見渡して必要な策を考え続ける「考」、この２つを実践することなのです。

限られた時間と人手で、各ステップに必要な結論を出すためにも、「話を横道にそらさない」を常に念頭におき、プロセスを進めていきましょう。

第1部

問題解決の
基礎知識

第1章

問題解決のプロセス

プロセス⓪

01 まず、やってみる

ここからは、問題にチャレンジしていただきます。以下のケースについて、「明確にすべきこと」を明らかにしていきましょう。

問題の舞台

- 会社名：松中商事株式会社
- 会社概要：海産物の加工・販売を手がける。１年前から、生産余力と流通のネットワークを生かして、カット野菜市場に参入した
- 立場：あなたは、野菜部門の生産ラインの責任者として抜擢される。前任者は立ち上げ期の混乱のなか健康を害してしまい休職。混乱を収拾し、生産現場を軌道にのせることを期待されている
- 生産物：キャベツ、ニンジン、ピーマン、などさまざまな野菜をカットし、梱《こん》包《ぽう》したもの
- 顧客：スーパー、コンビニ、レストランなど

明確にすべきこと

- 最優先で解決すべき問題は何か
- 解決された状態とは、「いつ」「何が」「どのように（どのくらい）」なっていることか
- 問題を引き起こしている原因は何か
- 解決策は何をすることか

※原因や解決策を考えるうえで、不足する情報は、自分なりに「可能性が高い」と思われる仮説を設定してください

生産ラインの工程

❶入荷

野菜類をトラックから荷卸し、
品質チェック後に、冷蔵保存

❷洗浄

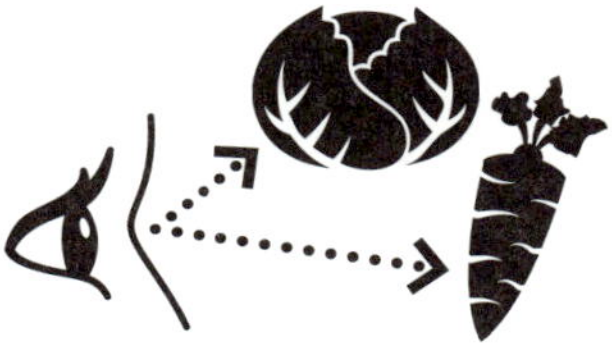

土や虫を落とし、
目視で混入物を除去

❸前処理

洗浄工程で取りきれなかった
混入物を取り除き、ヘタや皮
などを除去

❹カット

機械と人手を
利用しながらカット

❺殺菌

電解次亜水を
使って殺菌処置

❻脱水

遠心機にかけて
水分をとばす

❼梱包

パッケージに小分けし、
梱包機を利用して
パッケージングし、
ダンボールにつめる

直属部長からの説明

- 当社は、海産物を扱う3部門と、私が任されている野菜部門の４部門からなっている
- あなたは、海産物の切り身を扱う海産物第2部の生産ラインの副責任者として3年の実績があることから、今回、当部門（野菜部門）の生産責任者に抜擢された
- 3名の社員と12名のパート従業員を束ねて、優先すべき問題を見極め、着実に問題を解決しながら、戦略にそった事業の立ち上げを生産ラインから実現してほしい
- そもそも加工ノウハウがない段階では「人手に依存しつつ、丁寧な仕事で信用を築き、販路を確固にする。その後、少しずつ機械化を進め利益率をあげていく」、というのが当部門の戦略だが、実際始めてみると、問題は次から次へと起こる
- 生鮮食品の加工という意味では海産物も野菜も同じであるが、加工方法がかなり違うというのが、私がこの1年で感じたことである。この点に着目しながら、問題の明確化、そして解決をしてほしい
- 生産ラインの責任者は、調達・出荷・営業のそれぞれの責任者と連携しながら仕事を進める必要がある。調達・出荷・営業のそれぞれの責任者との調整は、基本的に私を介しておこなってほしい

社員3名が語る、問題点の指摘

加工機械が稼働していない
時間があり、もったいない

不慣れなパート従業員の
作業ミスが散見される

野菜の
カットロスが多い

まれに異物混入の
クレームがある

廃棄物の処理量が想定以上の
多さなので、処理コストの安い方法か、
再利用方法を検討したい

鮮度を保つための
工場内の冷房が、従業員の
体調に悪影響を及ぼす

鮮度落ちによる変色の
クレームが多い

パート従業員の出勤シフトと、
当日の作業の割当てが
うまくいかない

社員を含め、従業員が加工機械の
利用方法を熟知していない。
だから、故障対応や
メンテナンスに時間がかかる

パート従業員の
入れ替わりが激しい

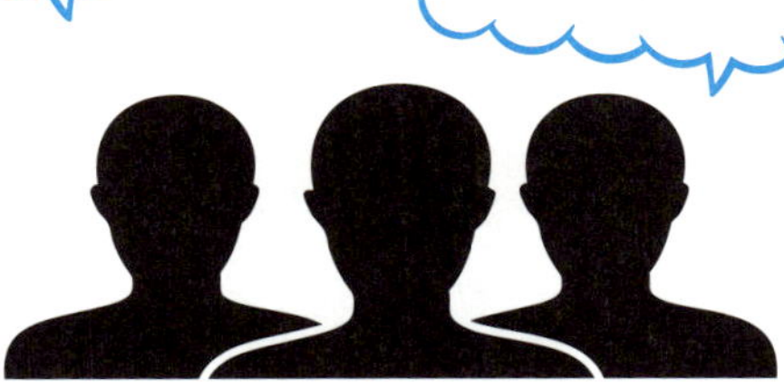

プロセス①

問題提起
01

問題を書き出して、文字で残す

それでは具体的に問題解決を進めていきます。右ページの図では、問題解決を進めるうえで重要になるノウハウを、本文に即して事例とともに解説します。そして、左ページの本文では、問題解決のプロセスや重要なことを詳細に解説します。

このような状況で、最初にすることは、「問題を書き出す」ことです。

実際の現場で、問題が１つだけということはまれです。むしろ関連するさまざまな問題が目の前に広がっているのが、一般的な状態です。たくさんの問題を前にあたふたしていては解決につながりませんが、目についた問題からもぐら叩きのように対処していくのも、効率がいい進め方とはいえません。

打合せや会議の場では、気になる問題を各自が話すだけでなく、実際に書き出すことが重要です。口頭での問題提起は時間を要しませんが、頭に残りません。**書いて文字でしっかりととらえれば、要点の整理にもつながり、お互いの認識を再確認し、共有がしやすくなります。**

実際に問題を書き出す際は、「ふせん」の活用をおすすめします。

１つの問題を、１枚のふせんに明記して、記載したら、参加する人全員が見える場所に貼ったり、置いたりするといいでしょう。

A4のコピー用紙など、大きな紙に書いて残しておく方法にも利点はありますが、ふせんを使えば、問題を整理するときに貼り替えが自由なので、本書ではふせんの使用をおすすめします。

書くことで、問題を確実にとらえる

プロセス①

問題提起 02

問題は、簡潔かつ具体的に表現する

問題を書き出すとき、注意すべき点が２つあります。

１つ目は、「簡潔に表現する」ことです。

できるだけ短文で書くことが望ましく、特に「〜なので、〜」など、「原因」や「理由」を表す接続語で結ばれた文章は、分解して別々の問題として簡潔に表現しましょう。

問題解決では、因果関係を正確に解きほぐすことが大切です。「原因」や「理由」を表す接続語で結ばれた因果関係については、「問題確認（プロセス③）」以降のステップで整理、検証します。したがって、このステップでは因果関係を分解し、「簡潔に表現をする」ことに意識を向けてください。

２つ目は、「具体的に表現する」ことです。

抽象度の高い内容や言葉足らずな表現は、具体的な表現に直しましょう。あいまいな表現は、主語が不明確だったり、指し示す物や対象が広すぎたり、ただの感情表現だけだったりする場合が多いです。それが具体的に何なのか、書き直してみましょう。

また、具体的にする過程で、１つのふせん（抽象的に表現された問題）が複数のふせん（具体的な問題）になったとしても構いません。問題の数が増えることを恐れず、**納得のいく言葉になるまで具体化してください。**

言葉で問題解決を進める以上、言葉に忠実で注意深くなりましょう。

接続詞とあいまいな表現は使わない

ポイント① 接続詞は使わない

問題

社員を含め、従業員が加工機械の利用方法を熟知していない。**だから、**故障対応やメンテナンスに時間がかかる

→ 社員を含め、従業員が加工機械の利用方法を熟知していない

1文に分ける

→ 故障対応やメンテナンスに時間がかかる

ポイント② あいまいな表現は使わない

×

パート従業員の入れ替わりが激しい

→

◎

パート従業員の定着率が悪い（離職率が高い）

プロセス②

問題確認 01

問題の因果関係を整理する

問題を書き出し、簡潔かつ具体的に表現した後は、因果関係を整理します。

「問題を書き出して、文字で残す」(P26) で、「関連するさまざまな問題が目の前に広がっている」と説明しましたが、「関連している」というのが大切な点です。

個々の問題(ふせん)は独立した問題ではなく、多くが「因果関係」という関連で結びついています。この**因果関係を明確にすることで、漠然としていた問題の全体像が見えてきます。**

進め方としては、問題(ふせん)間の因果関係を整理しながら、ふせんをホワイトボードや壁に貼りなおしていく方法がおすすめです。

因果関係は、矢印で結ぶとわかりやすくなります。下から上でも、左から右でもいいので、一方向への流れをつくり、「原因から結果へ」と線で結んでみましょう。本書では、下を「原因側」、上を「結果側」として進めます。

「因果関係がありそうだけど、因果関係が薄いかもしれない」と思うときは、点線で結ぶ(P98で詳述)といいでしょう。

すべての問題(ふせん)が、因果関係で結ばれる必要はありません。しかし、結果としてずいぶん多くの問題(ふせん)が線で結び付き、そうなることで、問題の全体像が見えやすくなるはずです。

どの問題がどの程度かかわっているかを明確にする

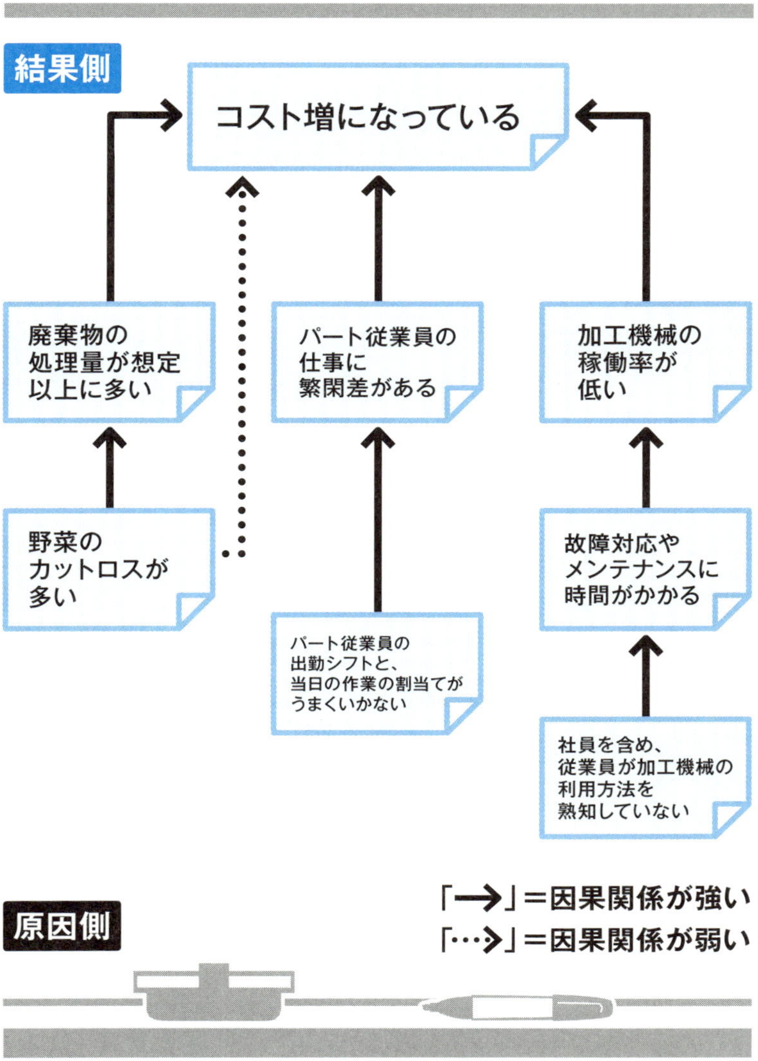
結果側
コスト増になっている
廃棄物の処理量が想定以上に多い
パート従業員の仕事に繁閑差がある
加工機械の稼働率が低い
野菜のカットロスが多い
故障対応やメンテナンスに時間がかかる
パート従業員の出勤シフトと、当日の作業の割当てがうまくいかない
社員を含め、従業員が加工機械の利用方法を熟知していない
「→」＝因果関係が強い
「⋯>」＝因果関係が弱い
原因側

プロセス②

問題確認 02

問題の全体像が見えてきた後にすべきこと

貼りだした問題（ふせん）を因果関係で整理すると、ずいぶん全体像が見えてくると思います。しかし、これではまだ不十分です。**新たに２つの視点で全体を確認し、問題（ふせん）を追加**する必要があります。

１つ目の視点は、**因果関係の抜けの確認**です。

何となく因果関係がつながっているようだけど、何かが抜けていたり、飛躍していたりと感じる部分がないかを確認し、必要があれば、新たな問題（ふせん）を追加します。

２つ目の視点は、**現状の問題をさらに高い視座（経営的な視点）から確認**することです。因果関係のより上にある「結果側」の問題に対して、「だから何？／何が問題か？」と高い視座から問いかけることで、その問題が引き起こす新たな、追加すべき問題が見えてきます。

たとえば、右ページの下図にある「鮮度落ちによる変色のクレームが多い」が引き起こす新たな問題は、部門の戦略上重要な「信用が崩れる」ということです。

問題は往々にして、現場の感覚や一般的な固定観念から「問題」としてとらえられるケースが多いです。当初貼りだされた問題に対して、「だから何？／何が問題か？」と問いかければ、それが本当に解決すべき問題候補なのか、もしくは取るに足らないことなのかが見えてきます。

なお、「だから何？／何が問題か？」の問いかけは、問題（ふせん）を誰しもが「問題」と認めたり、経営戦略に則した内容に達したりすれば、それ以上問いかける必要はありません。

2つの視点で全体を確認し、問題を追加する

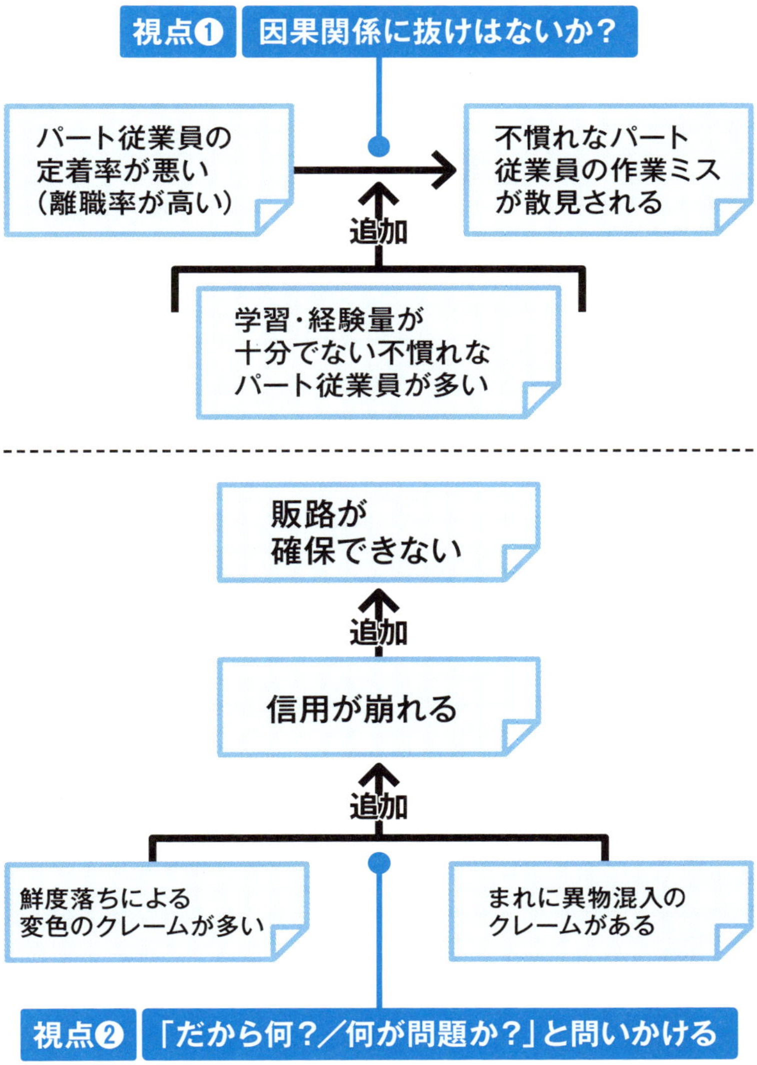
視点❶
因果関係に抜けはないか？
パート従業員の定着率が悪い（離職率が高い）
不慣れなパート従業員の作業ミスが散見される
追加
学習・経験量が十分でない不慣れなパート従業員が多い
販路が確保できない
追加
信用が崩れる
追加
鮮度落ちによる変色のクレームが多い
まれに異物混入のクレームがある
視点❷
「だから何？／何が問題か？」と問いかける

プロセス③

目標設定 01

問題のなかから「課題」を選定する

目標設定のステップでは、最初に、数ある問題（ふせん）のなかで、どの問題（ふせん）を解決の対象とするのかを決めます。

現状で、すべてのふせんが「問題」と呼べるわけですが、「解決すべき問題」を他の「問題」と区別するため、ここでは「課題」と呼びます。

課題を決めるときの原則は、因果関係の結果側を選ぶことです。通常、結果側の問題（ふせん）は、原因側のものよりも、大局的で全体的な問題であり、上司や経営幹部にとって、重要な問題と認識されるからです。

しかし同時に、より上にいけばいくほど問題解決の難易度は増します。解決に向けて巻き込むべき人の数や、部門の数が増え、解決までの期間・投資も一般的には膨らみます。「自分たちの権限や責任の範囲はどこまでか」、「上司の期待するレベルはどのあたりか」を考えながら、ほどよい難易度に設定する必要があります。問題解決入門レベルでは、頑張りすぎずに適度な難易度に設定することが大切です。

また、**問題（ふせん）の選択は、１つだけとは限りません。**同時に複数の問題の解決策を考えることは、よくあることです。複数人の部下がいれば、選択した複数のふせんの解決を、メンバーで分担してもいいでしょう。

問題（ふせん）を複数選択する際には、「緊急に解決すべき問題」と、「長期的に解決すべき問題」に分けることが多いです。前者は、起きてしまった問題をそれ以上大きくさせないで、収束させるためのもの。後者は、似たような問題の再発を防ぐためのものです。ルーチン業務の問題解決では、常にこの２つをセットで選択すると考えていいでしょう。

これらを考慮しながら、メンバーと議論をし、「課題」、つまり解決すべき問題を決めていきましょう。

「結果側」から課題を見つける

「結果側」は、全体的な問題である

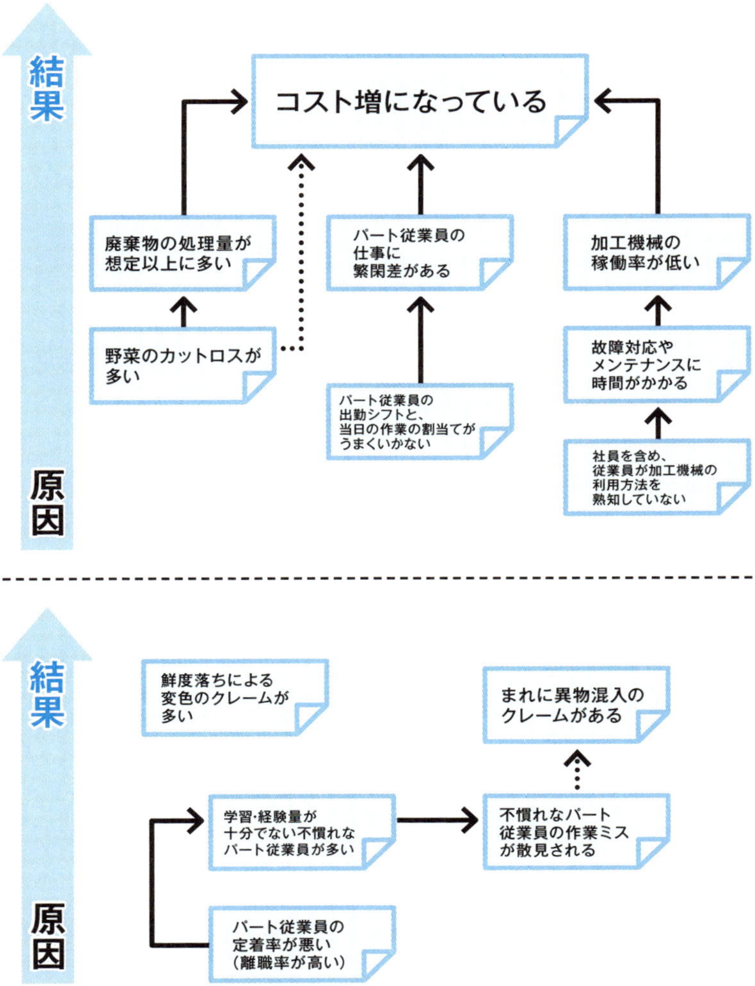
結果
原因
コスト増になっている
廃棄物の処理量が
想定以上に多い
パート従業員の
仕事に
繁閑差がある
加工機械の
稼働率が低い
野菜のカットロスが
多い
パート従業員の
出勤シフトと、
当日の作業の割当てが
うまくいかない
故障対応や
メンテナンスに
時間がかかる
社員を含め、
従業員が加工機械の
利用方法を
熟知していない
結果
原因
鮮度落ちによる
変色のクレームが
多い
まれに異物混入の
クレームがある
学習・経験量が
十分でない不慣れな
パート従業員が多い
不慣れなパート
従業員の作業ミス
が散見される
パート従業員の
定着率が悪い
（離職率が高い）

プロセス③

目標設定 02

数字で達成度がわかる目標にする

解決すべき問題（ふせん）を決めたら、以下の３点を明確にします。

①**解決された状態はどのような状態か**

②**その状態はどのようにすれば測定可能か**

③**測定値に対する目標値は、いつ、いくらか**

①の「解決された状態」とは、選んだ問題（ふせん）が起きていない状態ですが、もっとわかりやすい表現があれば、問題（ふせん）を書き換えて構いません。また、選んだ問題（ふせん）の１つ上の問題（ふせん）の内容を、ふせんの下部に加筆しておくと、自分たちが解決することが何に寄与するのか、課題の目的も意識できます。

②の測定方法の定義が不明確だと、計測や比較ができなくなり、問題が解決したのか、失敗したのかがわからなくなってしまいます。

③の目標値の決め方は以下の３つのアプローチで考えるといいでしょう。

あるべきレベル／ありえるレベル／ありたいレベル

「あるべきレベル」とは、上位目標を受けて下位目標を設定するときなどに利用するアプローチです。たとえば、全社でコストを５％削減するとき、製造工程でもコストの５％削減を目標値に設定するようなケースです。**「ありえるレベル」**でのアプローチは、過去の自社数値、他社の数値、自社でも他社でもいいが似た分野の数値など、比較対象があるケースです。**「ありたいレベル」**でのアプローチは、上記の２つ以外のケースで、実際にはこのケースが一番多いです。「ありたい」においては、この問題解決の責任者が、メンバーとともに、**レベルの程度を見極めてやる気を起こすレベルに設定するのがポイント**です。目標は、低すぎても、高すぎてもやる気が起きないことを心に留めておきましょう。

「目標の状態」「測定方法」「達成の期日と程度」を決める

鮮度落ちによる変色のクレームが多い を解決する場合の目標の立て方

❶解決された状態を明確にする

➡クレームが減少し、その結果、
得意先の信用を勝ち得る

❷解決された状態のはかり方を決める

➡「クレーム率＝クレーム数÷出荷パック数」
として、クレームを数値でとらえる。
集計期間は1週間単位とし、クレームは
その度合いや発信箇所（店舗or消費者）に
かかわらず、1件としてとらえる

❸目標達成の期日と程度を決める

➡期日：6ヵ月後の○年○月の第3、4週目
程度：今月の第1、2週目の単純平均の50％以下

プロセス④

原因分析 01

因果関係から原因を掘り下げる

問題は、原因がなければ起こりません。「原因分析」とは、問題が起こった原因を探り当てるステップです。

原因分析では、「課題」とした問題（ふせん）から、その問題が発生している原因を因果関係でたどって掘り下げます。

因果関係をたどるための問いは「なぜ？」です。

「なぜ？」の問いを結果側の問題（ふせん）から始めて、原因へ矢印をつなげていくと、わかりやすいでしょう。

右図では、「なぜ、変色するほど鮮度が落ちるのか？」が、「鮮度落ちによる変色のクレームが多い」の原因をたどるための最初の問いになります。厳密には、「変色」と「鮮度落ち」の間にも因果関係が存在するのですが、この程度は自明の因果関係として扱っても問題がない範囲です。

原因の掘り下げは、１段ではなく複数段にわたって深掘りしていきます。 どこまでするかといえば、「有効な解決策が見つかるまで」です。「解決策はこれだ！」が見つかるまで、根気よく掘り下げましょう。

複数段にわたって掘り下げることで、有効な解決策が見出しやすくなるのには２つの理由があります。

１つは、より深い段まで掘り下げることで、再発しにくい解決策が考えられるからです。因果関係は、根本的な原因を解決しない限り、解決策を実行しても、問題が再発してしまいます。

もう１つは、原因の規模が小さい早い段階で手を打てば、費用対効果が大きい場合が多いからです。より早く、小さな段階で手を打つことが重要なのです。

「なぜ？」の問いで原因を掘り下げる

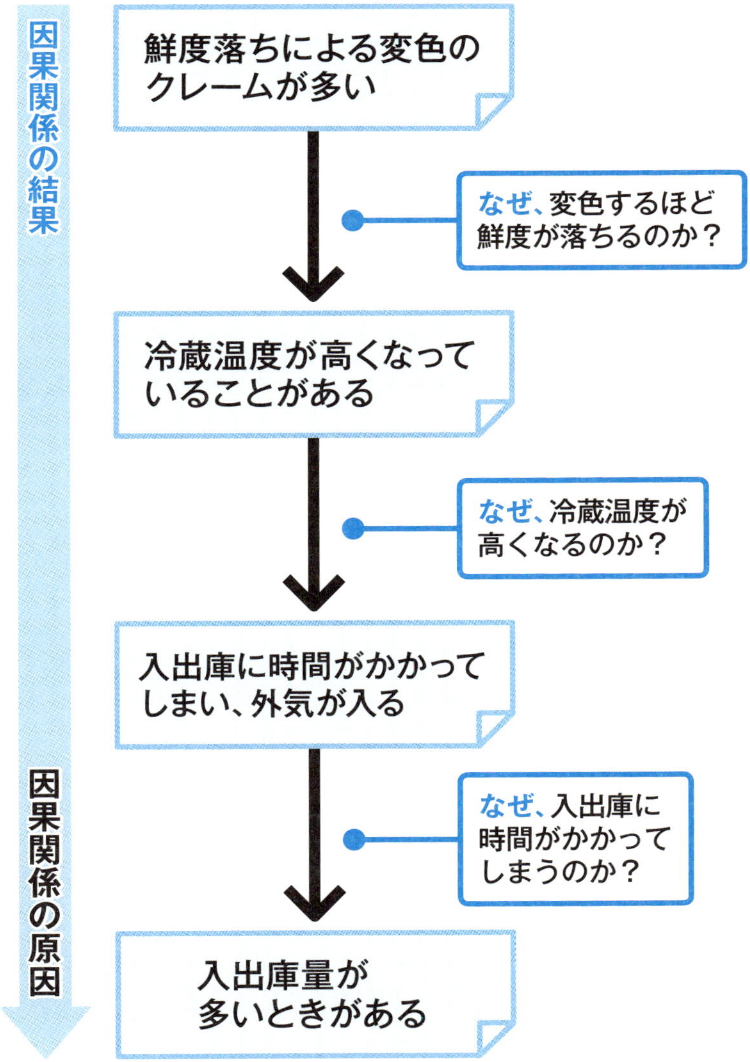
因果関係の結果
鮮度落ちによる変色の
クレームが多い
なぜ、変色するほど
鮮度が落ちるのか？
冷蔵温度が高くなって
いることがある
なぜ、冷蔵温度が
高くなるのか？
入出庫に時間がかかって
しまい、外気が入る
なぜ、入出庫に
時間がかかって
しまうのか？
入出庫量が
多いときがある
因果関係の原因

プロセス④

原因分析 02

「どこ?」の問いで、問題の発生場所を限定する

「なぜ？」の問いだけで明確な原因がわからないときは、**「どこ？」という問いで、問題の発生場所を限定すると、原因が見えやすくなります。**問題が発生しているケースとそうでないケースとの違いに着目すると「なぜ？」が明確になるからです。

たとえば、パソコンでメールが不通になった場合を想像してください。

問題の発生場所が、【ネット環境】、【パソコン本体】、【メールソフト】のどこかを明確にするために、同じパソコンと同じメールソフトで、違うネット環境の動作確認をすれば、ネット環境に問題があるかないかを確認できます。

これはまさに「どこ？」を明確にするための検証です。仮に、ネット環境に問題が生じているとわかれば、「なぜ？」への問いに対して、より明確な答えが出しやすくなります。

右の例では、パッケージの違いから、問題の出どころである「どこ？」を限定できましたが、その前段階では、販売店の違いから「どこ？」を考えています。このように、**「どこ？」を探る際の視点は、多数考えられ、試行錯誤しながら問題の発生の有無と関係している視点を特定**します。

試行錯誤の段階では、可能性の高そうな視点から、ざっくりと問題の出どころを限定していきます。ざっくりと確認する過程で、「これは当たりかもしれない…」と感じたら、深く突っ込み、再確認をします。そして確認がとれたら、それをベースにまた「なぜ？」を繰り返していきます。

この**「ざっくりと確認する」**ことが、時間短縮のポイントです。

「どこ?」がわかれば、「なぜ?」の答えが見えやすくなる

START なぜ、鮮度が落ちるのか?

鮮度落ちによる
変色の
クレームが多い

「どこ?」の問い❶

特定の販売店にクレームが
偏っていないだろうか?

➡特に偏っていないようだ…

「どこ?」の問い❷

パッケージに
何か違いはないだろうか?

➡あれ? クレームがあったものはパッキング部分にシワがある。これは、すべてのクレーム品に共通しているのかな?

➡直近のクレーム品、10品を調べたら、すべてパッキング部分にシワがあった。一方、クレームがない商品にはシワがない

原因確定

パッキング部分に
シワができることが
あり、そのシワから
外気が入る

なぜ、パッキング部分に
シワが発生するのか?

プロセス⑤

解決策立案 01

自由な発想で立案する

「なぜ？」による原因分析の次は、「解決策立案」です。

原因は因果関係の連鎖で表されますが、解決策を因果関係のどの段階で立てるべきかの公式はありません。すべての段階が解決策を立案する候補になります。

多くの場合、**解決策は、より根本的な原因側で考えれば、有効な案を見いだせます。**

解決策の役割は、負の因果関係の連鎖をとめることなので、以下の２つの手立てを考えることになります。

①その原因の発生を抑える

②その原因が発生しても、上の原因が発生しないようにする

どんな解決策を、どの部分にあてるのか、いろいろなアイデアがあると思います。まずは、ブレインストーミングの手法を前提として、自由な発想でアイデアを出すのがいいでしょう。ブレインストーミングの４原則は以下の通りです。

- 原則１　判断、結論を否定も肯定もしない（結論厳禁）
- 原則２　荒削りな考えも歓迎する（自由奔放）
- 原則３　質より量を重視する（質より量）
- 原則４　アイデアを組み合わせ、発展させる（結合改善）

ブレインストーミングとは、アレックス・F・オズボーンによって考案された会議方式のひとつで、この方式を取ることでよりアイデアが出やすくなると言われています。**発想を広げるときは、あまり堅苦しく考えずに、楽しみながら進める**といいでしょう。

ブレインストーミングの4原則を活用して発想する

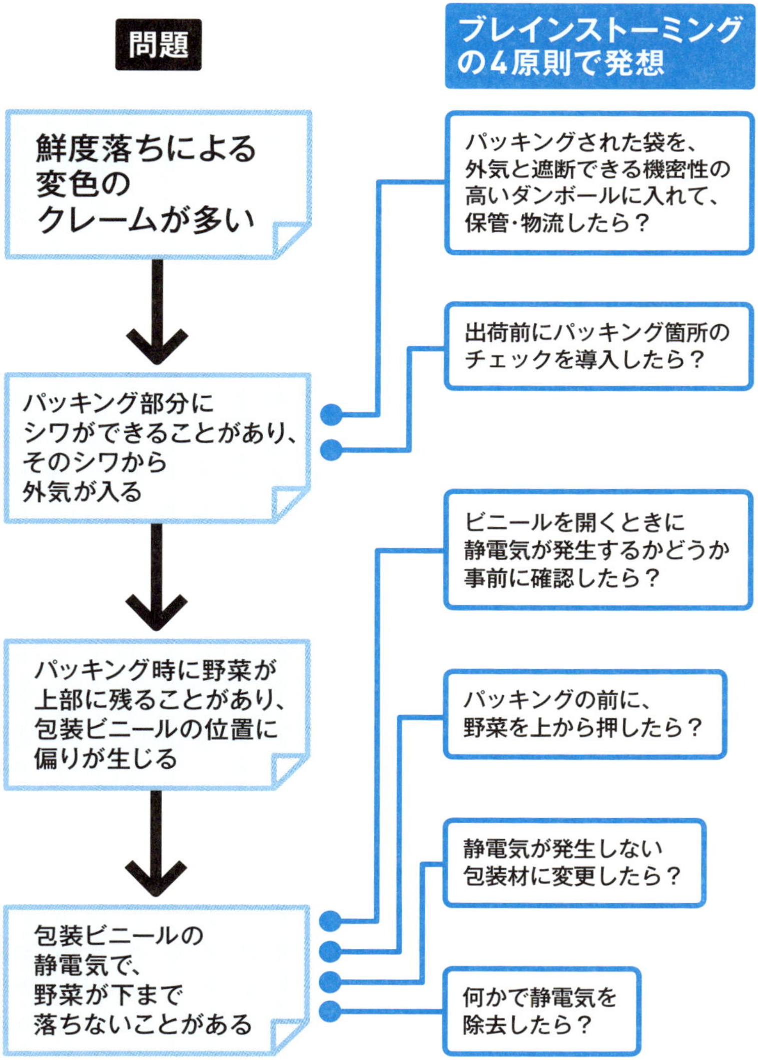
問題
ブレインストーミングの4原則で発想
鮮度落ちによる変色のクレームが多い
パッキング部分にシワができることがあり、そのシワから外気が入る
パッキング時に野菜が上部に残ることがあり、包装ビニールの位置に偏りが生じる
包装ビニールの静電気で、野菜が下まで落ちないことがある
パッキングされた袋を、外気と遮断できる機密性の高いダンボールに入れて、保管・物流したら？
出荷前にパッキング箇所のチェックを導入したら？
ビニールを開くときに静電気が発生するかどうか事前に確認したら？
パッキングの前に、野菜を上から押したら？
静電気が発生しない包装材に変更したら？
何かで静電気を除去したら？

プロセス⑤

解決策立案 02

アイデアを体系化して、アイデアの抜けを防ぐ

解決策のアイデアが出たものの、「まだ気づいていない、いいアイデアがあるかも…」と心配になるかもしれません。そんなときは、既存のアイデアを体系化すれば、アイデアの抜けに気づけます。

そのやり方とは、まず、既存の似通ったアイデアをグループにまとめて、そのグループに名前をつけます。

１つ目のグループができたら、概念が重ならない他のグループを複数あげて、全体像をつくります（右図の①）。

次に、それらのグループに今まで出したアイデアを当てはめてみて、当てはまるアイデアが少なかったり、当てはまるアイデアがなかったりするグループの有無を確認します（右図の②）。

アイデアが少なかったり、なかったりするグループがあれば、そのグループに当てはまるアイデアを出して、抜けを埋めます（右図の③）。

グループづくりから始める作業は、１回で終える必要はありません。

一連の工程を終えた後、再び２回目のグループづくりをして、抜けを確認し、アイデアを追加しても構いません。たとえば、２回目のグループづくりでは、「パッキング」や「クレーム」など、新しいグループをつくります。

このように作業を繰り返すことで、アイデアの抜けを限りなく減らしていくことができます。

グループをつくって分類すれば、抜けが見える

1　1つ目の概念以外にもグループをつくる

チェックグループ	実施グループ	設計グループ

2　既出のアイデアをグループに分類する

チェック

- 出荷前にパッキング箇所のチェックを導入したら？
- ビニールを開くときに静電気が発生するかどうか事前に確認したら？

実施

設計

3　分類するアイデアがないグループの案を考える

実施

???

チェック

- 出荷前にパッキング箇所のチェックを導入したら？
- ビニールを開くときに静電気が発生するかどうか事前に確認したら？

設

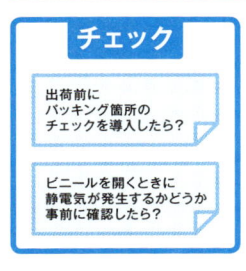

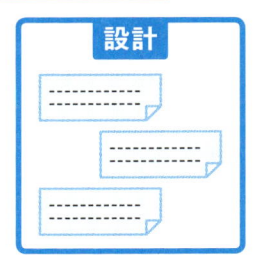

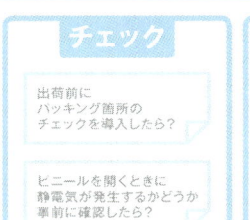

プロセス⑥

解決策評価 01

2つの評価軸で解決策を可視化する

解決策のアイデアはいくつあっても構いません。

しかし、実行に移す策は、「ヒト・モノ・カネ」などの経営資源の制約を考慮して、しぼり込む必要があります。しぼり込むときに**重要なのは、「いかに合理的な判断をするか」ということ**です。

複数の案を評価し、優劣をつけるためには、物差しとなる「評価視点」が必要です。

１つの評価視点で複数の案を比べれば、優劣は明白になりますが、多角的な視点が抜け落ち、大きなデメリットも内包した案が選択されてしまうかもしれません。

一方で、視点を増やしすぎると、多角的に「評価・検討」することができても、複数あるがゆえに「可もなく・不可もない」平凡な案を選ぶことになりかねません。

少なすぎても、多すぎてもだめという場合、一般的には評価の視点を２つにしぼるケースが多いです。２つの評価視点を２軸にとり、二次元の範囲内に案をプロットすることで、評価を可視化することができます。

プロット上から解決策を選ぶ際は、その２軸の範囲内でそれぞれの評価がいいものを選択します（例：右図の右上側の案）。

評価をする２軸は、状況に応じて最適な評価の視点を選ぶといいでしょう。代表的な評価の視点は、「効能」「リスク」「金額」「時間」などがあげられます。

評価軸は「効能」「リスク」「金額」「時間」などをあてはめる

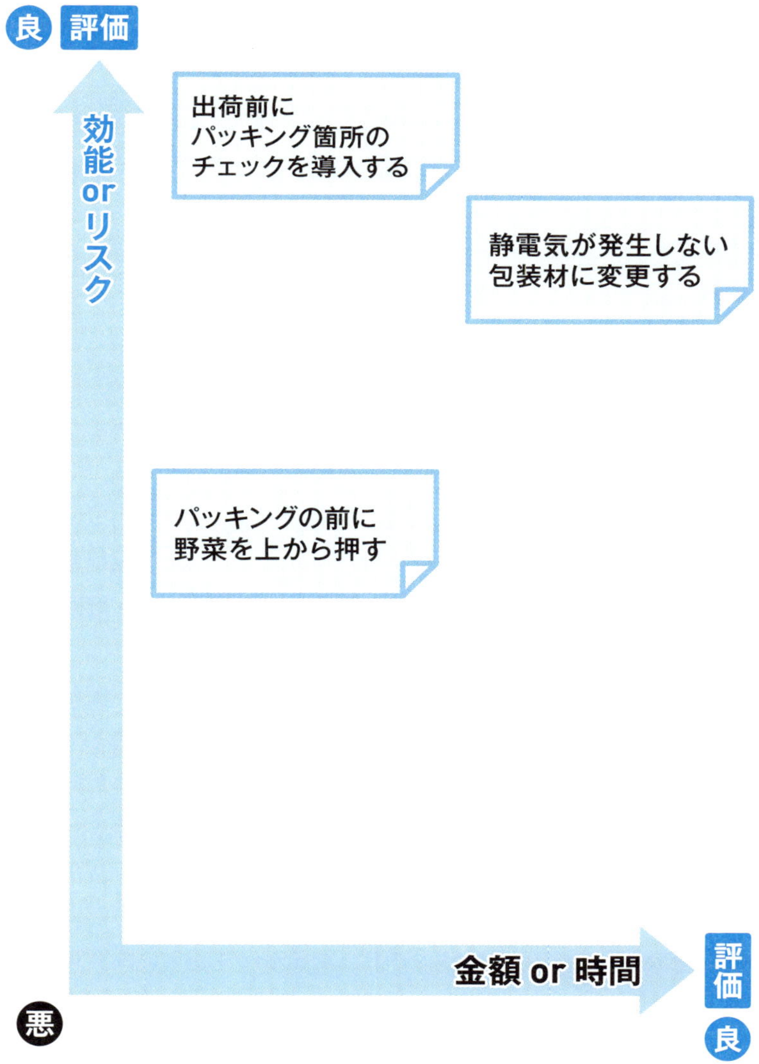

プロセス⑥

解決策評価 02

評価視点の考え方

企業経営では、限られた経営資源を活用し、最大の効能を得ることが任務です。**解決策の選択も「限られた経営資源を活用し、最大の効能を得ること」に通じているかが究極的な視点**となります。

その意味だと、評価の２軸は「経営資源の活用度」と「効能」です。しかし、経営資源も効能も抽象度が高い言葉なので、実際にこの２軸で解決策の評価をしようとしても「？」となってしまいます。

では、まず経営資源を具体化する方法を考えてみましょう。経営資源は「ヒト・モノ・カネ」に限らず、「時間・情報・設備」など、さまざまなものがあります。

経営資源にかかわる評価軸は、「自分たちにとって、希少な経営資源」を具体化します。たとえば、時間がない状況で「急ぐこと」を最優先したいのであれば、「時間」が評価軸として最有力となります。

一般的に、多くの経営資源はお金で買えるため、お金が評価軸として最有力候補になることは間違いありません。しかし、問題解決までにかかる時間や、優秀な人材の関与など、お金で買えない経営資源が数多くあることを考え、評価軸が常にお金とは限らないことを覚えておきましょう。

一方、効能には解決したい問題に応じて、「顧客満足度」「商品品質」「装置稼働率」などさまざまなものがあります。問題解決である以上、その問題の解決を効能ととらえるのが筋です。ふせんに「顧客の購買単価が落ちている」と問題が書かれていれば、「購買単価の向上」が効能になるわけです。場合によっては、その問題が解決されることで解決される、１つ上のふせんに書かれた問題を効能とすることも悪くないでしょう。

経営成績の向上を前提に、効能と経営資源を考える

現在の問題解決で
求められている
結果は何か？

経営成績 ＝ 効能 / 経営資源

私たちにとって、
今もっとも希少な
経営資源は何？

第1部

問題解決の基礎知識

第2章

プロセスで
注意すべきこと

なぜ、問題解決にプロセスが存在するのか？

プロセスとは「ステップの連なり」であり、プロセスの設計を「段取り」といいます。「段取り８割、仕事２割」といわれるように、プロセスの設計はとても重要です。

木で作られた本棚を想像してみてください。その本棚は、材料を組み立てて作られています。材料を組み立てる前には、材料をパーツごとに切り分ける必要があります。そして、材料をパーツごとに切り分ける前には、材料となる木材を用意しなければいけません。

このように、後のステップで必要となるものは、前のステップで用意する必要があります。つまり、プロセスを設計するときは、モノゴトの構成要素を考え、その構成要素を逆転できない順番に並べればいいのです。

問題解決では、本棚のような具体的な構成要素ではなく、抽象的な構成要素を扱います。その意味では「構成要素から考え、逆転できない順番に並べる」という考え方はイメージしにくいかもしれません。しかし、問題が定義されていないと、原因を考えられないように、問題解決のプロセスも逆転できない順番があるのです。

他の問題解決の本を読んでみると、問題解決のプロセスは、どれも似ていますが、厳密にいうと、若干の違いがあります。その違いは、「ステップの大きさの定義」の違いです。一般的には、ステップを３～５つに分けたプロセスが多いのですが、本書では、一般的なものよりも細かく、６つのステップでプロセスを構成しています。**複数の論点を１つのステップに内包してしまうと、議論が難しくなってしまいます。**したがって、ステップ数が多いと思うかもしれませんが、各ステップの論点をしぼり、議論をよりシンプルかつ確実にできるのだと理解してください。

6ステップのプロセスだと、論点が明確！

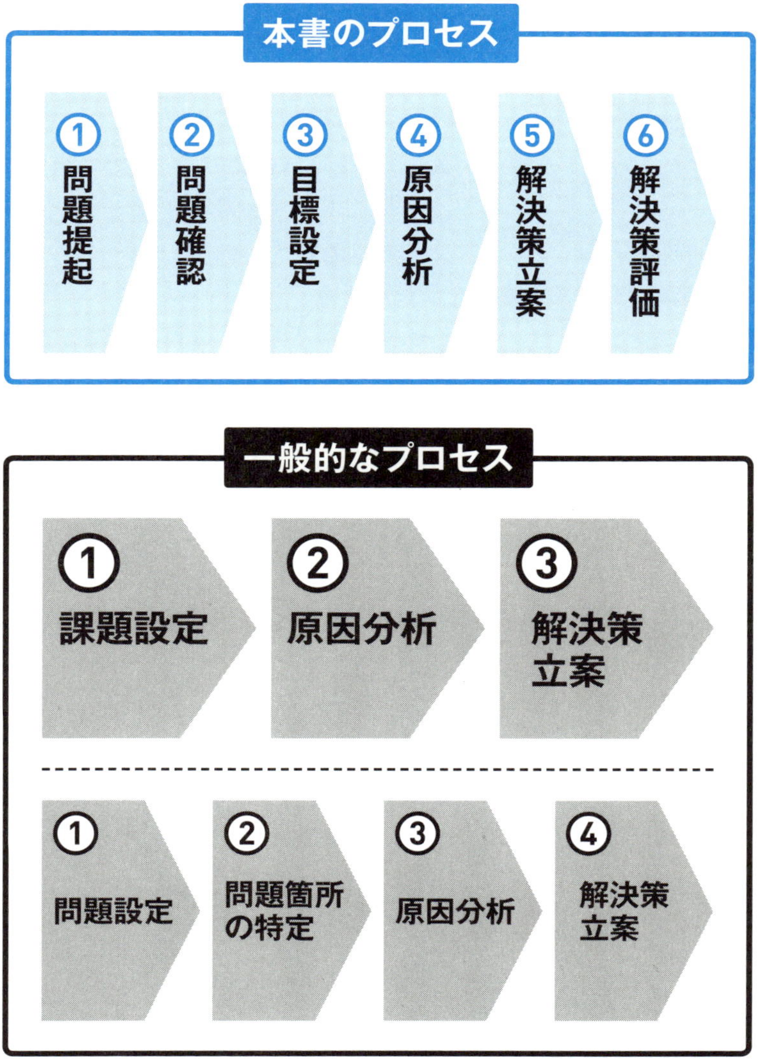

なぜ、「今どのステップか」を共有するのか？

「問題解決を進める」とは、各ステップの論点に答えを出していくことなので、「今どこのステップにいるのか」を明確に認識することが重要です。

実際の問題解決は、メンバーとともに進めることがほとんどなので、「今どこのステップにいるのか」を全員が認識できるようにしましょう。**認識がバラバラだと、論点もバラバラになり、話が噛み合わなくなってしまい、時間ばかりが過ぎてしまいます。**

「今どこのステップにいるのか」を全員が認識するには、まず、「どのようなプロセスで進めるのか」を認識する必要があります。問題解決の会議のスタート時点で、プロセスを明示し、共有しましょう。そのプロセスが本書の推奨プロセスでなかったとしても、プロセスを共有するところから始めることが何よりも重要です。

おすすめの共有方法は、会議室のホワイトボードの左上に、メンバーで同意したステップを書いておくことです。そして、ステップの進度に合わせて、今いるステップをマグネットなどで示しておくと、わかりやすいでしょう。

メンバーの迷子を防ぎ、論点をぶれさせない

× ステップが不明確だと…

認識がバラバラで、話が噛み合わない

◎ ステップが明確だと…

生産性の高い会議になる

なぜ、問題確認を1つのステップにしているのか？

問題解決のプロセスに関してよくある質問は、「『問題確認』という手順は他の問題解決のセミナーや本にはないのですが…」というものです。

「問題確認」を、プロセスのなかで明確に設定しているセミナーや書籍は、確かにほとんど見かけません。

しかし、実際の問題解決を振り返ってみるとどうでしょう。

「今、解決すべきではない問題」に、多くの時間と力を注いでいることが多いのではないでしょうか。このようなムダを防ぐために、問題確認をしっかりとする必要があるのです。

また、問題確認をしっかりとすることは、作業のムダを減らすこと以外に、かかわるメンバーの心理的負担を減らす効果もあります。

経営学者のピーター・ドラッカーは次のような言葉を残しています。

「間違った問題への正しい答えほど始末に負えないものはない」

これは、作業的なムダと、かかわるメンバーが疑問を抱えながらプロセスを進めることによる心理的負荷や抵抗を意味していると思います。

作業時間と労力、そして心理的負担を減らすためにも、本書では「問題確認」を重要な論点として位置づけ、ステップとして切り出しています。

問題の確認をおろそかにして、本来取り組む必要がない問題に取り組んでしまわないよう、プロセスを進めてください。

「問題確認」をすれば、ムダがなくなる

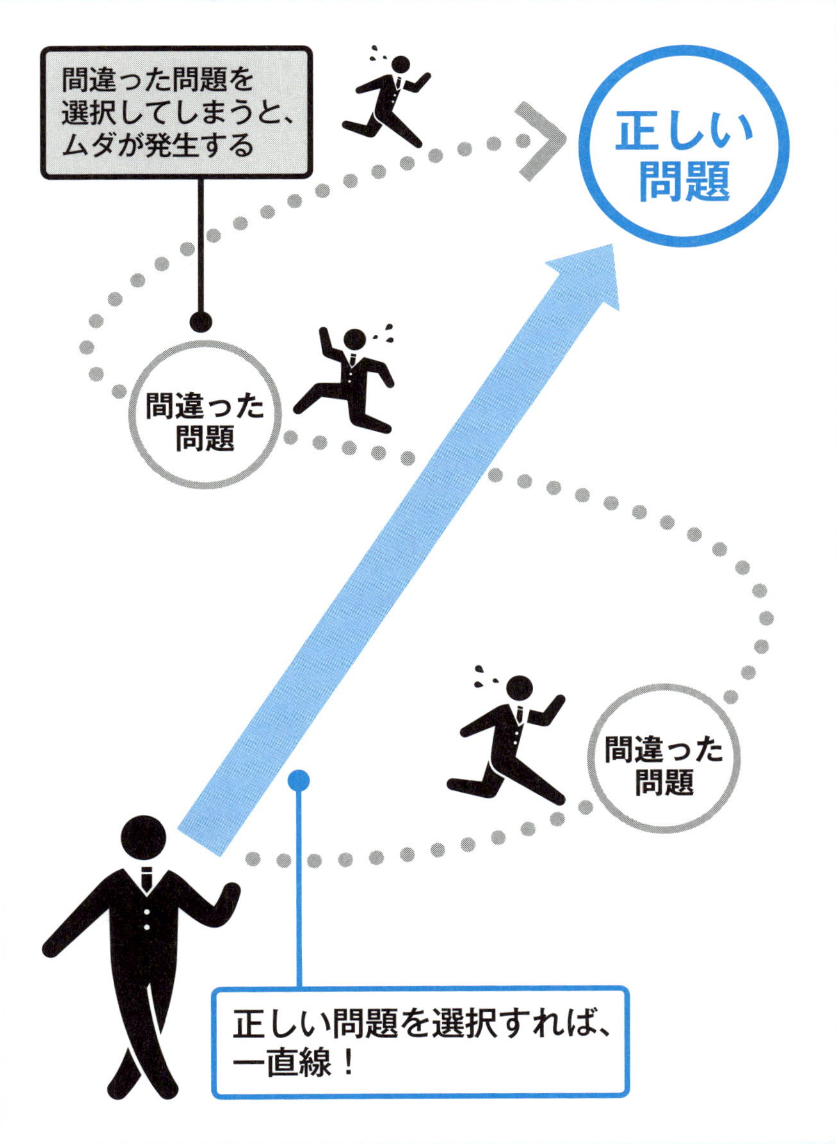

間違った問題を
選択してしまうと、
ムダが発生する
正しい
問題
間違った
問題
間違った
問題
正しい問題を選択すれば、
一直線！

目標設定は、何ステップ目にすべきか？

本書では、「目標設定」を３ステップ目にしています。しかし、目標設定の位置について「もっと前では？」「もっと後ろでは？」という質問をよく受けます。ここでは、その両方にお答えをします。

まず、「目標設定はもっと前では？」という疑問をおもちの方に、目標設定が思ったより「後」にある理由を解説します。

問題とは「理想と現実のギャップ」と冒頭で説明しました。「目標＝理想」なので、本来は問題が提起されたとき、すでに目標が存在するといえます。しかし、実際に私たちが対処すべき問題は、目標との差から生じるというより、その時点では目標が不明確で、モヤモヤとした違和感から問題提起がされることが多く、しかも問題は複数提起されることが多いです。したがって、より**実践的なプロセスは、「問題提起→問題確認→目標設定」**となるのです。

次に、「目標設定はもっと後では？」という疑問をおもちの方に、目標設定が思ったより「前」にある理由を解説します。

目標は、原因や解決策によって変わることが多々ありますが、だからといって「目標設定を原因分析や解決策立案の後にする」という考え方は間違っています。**目標を決めた後でも、必要に応じて、目標を修正することがあると考えればいいでしょう。**

現実の問題解決では目標を「どのように測定するのか」さえ明確にすれば、目標数値はかなりラフに決めても問題ありません。さらに、その目標値に修正が必要になった際には、そのときがどのステップであっても、「目標設定」に戻って、目標の修正をおこなう柔軟性が必要になります。

目標設定は3ステップ目

Q 目標設定はもっと前では？

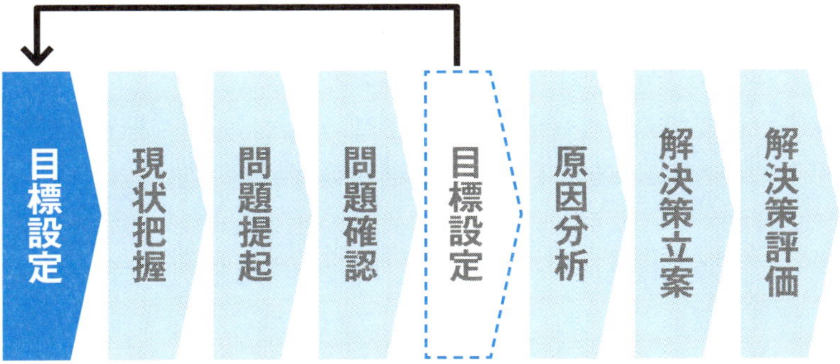

A 上のようなケースもあるが、とても少ない！

Q 目標設定はもっと後では？

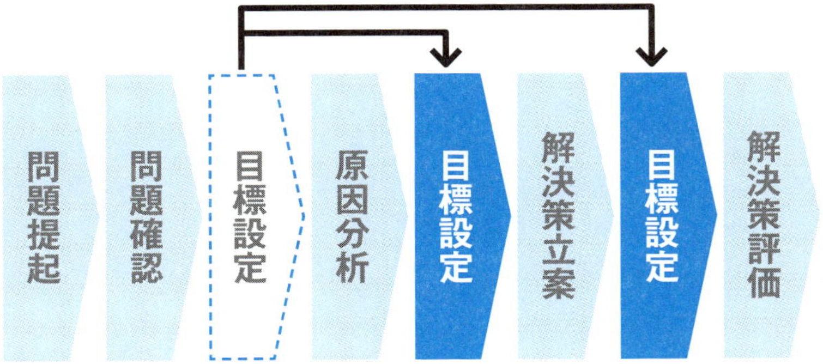

A 最初に目標設定したものを、修正していくと考える

「原因分析」「解決策立案」「解決策評価」は、何番目か？

「原因分析」「解決策立案」「解決策評価」のステップは、論点が違うので、一般的には、切り分けて手順どおりに進めていきます。

しかし、**３つの手順を完全に分離して進めるよりも、手順を「行きつ戻りつ」しながら進めていくほうが効率的な場合が多い**です。

「ある程度、原因に当たりがついたら、次に解決策を考えて、その後、解決策の評価を簡単にしてみる…」と、ここまでサッとやってみてから、「原因分析」「解決策立案」「解決策評価」の全体像を確認し、再度、「原因分析」に戻るという進め方です。

このように重層的に進めるメリットは、「ゴールから逆算できる」という点です。評価軸がオボロゲながらも見えていることで、解決策の立案の方向性がつかめ、解決策の立案の方向性がオボロゲながらも見えていることで、原因分析の方向性がつかめるので、ゴールから大きく外れることをあらかじめ避けることができ、結果として、時間をムダにしないで済みます。

メンバーが問題解決に慣れたら、このように**重層的に進める方法を取り入れてみると、より効率的な問題解決ができる**でしょう。その際に進行役は、以下の点に気をつけてください。

- 重層的に進めることをメンバーにあらかじめ伝えておく
- メンバーに「今、何を議論しているのか」を共有する
- 常に「時間配分」に意識を向けながら進めていく

ベテランは、「行きつ戻りつ」で重層的に進める

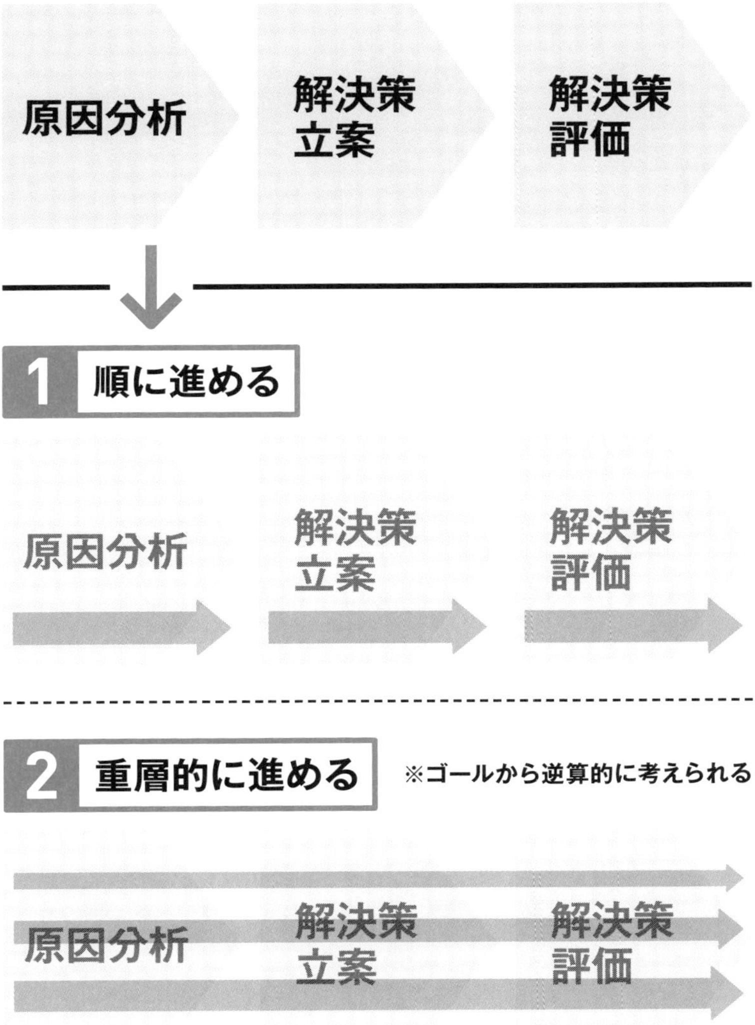

最初のステップは常に「問題提起」か？

問題解決は、常に「問題提起から始まる」とは限りません。問題自体は問題提起からスタートしますが、自分にバトンが渡ってくるステップは、時と場合によって異なります。

中堅以上の社員は、「課題設定力」を求められることが多く、その場合は、「問題提起」からスタートすることになります。

一方、若手社員は「課題設定力」よりも「課題解決力」を求められることが多く、その場合、問題解決のバトンは、途中で渡されることになります。途中でバトンを渡されるステップは、「原因分析」か「解決策立案」のいずれかが多いでしょう。

バトンが渡されたとき、その前ステップまでは所与の条件になっているので、その条件を前提として問題解決を進めていくことになります。

たとえば、目標設定がされている上で、上司から問題解決を命じられることはよくあります。この場合は、目標設定までの内容を所与の条件として、その後のステップを進める必要があります。

バトンを渡された際に、「どこまでが前提なのか」をしっかりと確認することが大切です。特に問題確認がされていないときなどは、そのステップが抜け落ちてしまわないように注意が必要です。

立場、役職によって、スタートの場所が異なる

「目標設定」の後、若手社員にバトンが渡ることが多い

問題解決で前提を疑うことはタブーか？

「最初のステップは常に『問題提起』か？」（P62）で述べたように、前提をもとに問題解決を進めることが、問題解決の大原則です。ただし、**前提である所与の条件を「疑い検証する」という姿勢は、時に高い付加価値を生みます。**前ステップの見落としに気がつけるかもしれないからです。

所与の条件を「疑い検証する」ための問いは、「そもそも…」や「今さらですが…」といったフレーズで口火が切られます。問題解決の実力者たちがこういったフレーズを口にすると、その場にいるメンバーたちは固《かた》唾《ず》を呑んで、次の言葉に身を構えます。

そういった前提を疑い、覆《くつがえ》すことは、問題解決の実力者だからこそ、信頼をもって受け入れられます。問題解決の**「実力」が認められる前に、そもそも論を発してしまうと、多くの場合、ただ煙たがられてしまいます。**

実力が認められる前なら、まず、小さなところから問題解決に貢献し、実績を積み重ねることが大切です。そして、そのような口火を切ることができる一目おかれる存在になってから、「そもそも論」を展開するようにしましょう。

もちろん、実力が認められる前であっても、前提である所与の条件に疑問があれば、問題解決に参加するメンバーとしてそれを伝えなくてはいけません。その際は、伝え方に工夫が必要です。前述したような、前提を覆すような口調だと逆効果になってしまいます。前提を確認するための質問は丁寧に、他の人への配慮をしながらするようにしましょう。会議室ではないインフォーマルな場でするのもいいでしょう。

前提を疑うときは、伝え方に気をつける

✕ 実力が認められる前のストレート発言は避ける

◎ 伝え方を工夫する

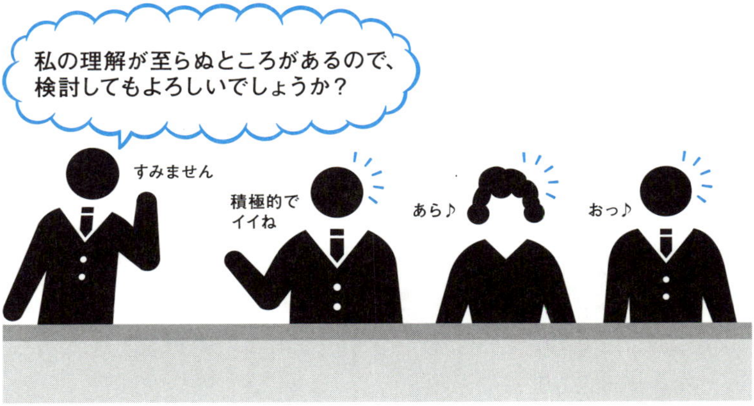

「正しいプロセス」で進まないとき、どうすればいいのか？

問題解決はプロセスにそって進めることが大切ですが、ビジネスパーソン全員がそのような認識をしているわけではありません。進行役を担った上司や先輩に、もしそのような認識がない場合、ぜひ積極的に書記役を務めてみてください。

ホワイトボードに、「問題提起」「問題確認」「目標設定」など分けて書くことができれば、議論を整理することができます。複数のホワイトボードがあれば、ホワイトボードごとにステップ分けをするなどの手もあります。

話が長くてまとまりのない内容が続くようならば、話している内容を、各ステップに分類しながら書き留めてみましょう。すると、話者の論点も自然と整理されます。

ふせんをホワイトボードに貼りつけながら、その場で整理していく方法もおすすめです。

立場上、書記役になることが難しいなら、自分のメモをステップごとに分けてとったり、自分の手元でふせんを記入・分類したりして、頭を整理しながら会議に参加するのもいいでしょう。

上手に整理されたメモやふせんは、見る人が見ればわかります。あなたのメモを覗き込んだ上司は、きっとあなたの実力を認めるでしょう。問題解決の場におけるあなたのプレゼンスが高まれば、進行役を任される日がグッと近づきます。

書記役が、状況をわかりやすく共有する

1 ホワイトボードを使って

ステップを明確にする
解決策立案
提案内容
・○○部の部長を更迭する
(山田課長 A-1)
誰の意見かを明確に
・○○部を△△部と統合する
(山田課長 A-2)
書記役
なるほど!
進行役

2 ふせんを使って

コッチが原因だから、
問題は2つに
しぼられますよね
書記役
なるほど!
進行役

第2部

問題解決の
応用知識

第3章

問題解決の
ポイント

問題提起 01

問題提起に反論しない

問題提起は、特定の部署や個人を批判するステップではなく、業務全体の問題をみんなで指摘し合うステップです。

自分の業務周辺の問題を指摘されると、多くの場合、「快くない」と感じることでしょう。しかしこのステップでは、問題提起というゴールに向かって実直に進まなくてはいけないので、「快くない」と思っても、進行に悪影響を与えるような言動をとってはいけません。たとえ反論したい衝動に駆られても、次の「問題確認」のステップまでは、問題提起に集中しましょう。

一方、問題を指摘する側も、相手の気持ちを不愉快にさせてしまうような言動は避けましょう。実際の現場だと、つい日常の不満を絡めて、問題を指摘してしまいがちです。その結果、問題提起というゴールを見失って、不要な争いや、わだかまりを生んでしまいます。

このプロセスのゴールは、あくまでも「問題を提起すること」です。相手を不愉快にさせたり、傷つけたりすることは、お互いにマイナスになるだけで、プラスになることはありません。

人間は理性と同時に、感情が勝手にわき上がる生き物です。このことを十分に認識して、このプロセスを進めましょう。

感情的にならず、問題提起に集中する

✕「ゴール志考」を見失うと…
君の部署の○○がマズイと思う
伝え方に配慮がない
不機嫌になってしまう
問題意識を共有できない
◎「ゴール志考」で会議をすると…
君の部署の○○が改善されたら、顧客は喜ぶと思う
ご指摘、ありがとうございます
反論がある場合は次のステップで
問題提起がスムーズに進む

問題提起 02

「感覚」「予感」「仮説」も大切にする

「感覚」や「予感」を拠りどころに提起された問題に対して、「それは個人的な感覚であり間違えている！」などと反論するのはNGです。

感覚的なことでも、予感のようなことでも、問題として提起して構いません。**問題提起のステップでは、思っていることを出しきることが、何より大切**なのです。

「問題を出しきること」の重要性を忘れて問題提起を進めると、すべての問題が提起されずに、封印され、その問題が火を吹くときには、「もっと早くに声をあげていればよかった」、「もっと早く対処していれば…」と後悔してしまいます。

現場にいる若手社員のほうが、ベテランの社員よりも起こっていることを敏感に感じとっていることもあります。**キャリアにかかわらず、すべての声に意味があるととらえ、自由に問題を提起するようにしましょう。**

また、「Aという現象が起きていれば、Bという現象が起きているのではないか？」というように、Bの発生を「仮説」としてとらえるようなこともあります。そのような場合も、「Bが発生している可能性がある」として問題を提起します。

問題提起のステップでは、とにかく、思っていること、感じていることを自由に出すことが重要です。それが正しいか、適切かどうかについては、次の問題確認のステップでまとめて確認、検証をしていきましょう。

答え合わせは次のステップでおこなう

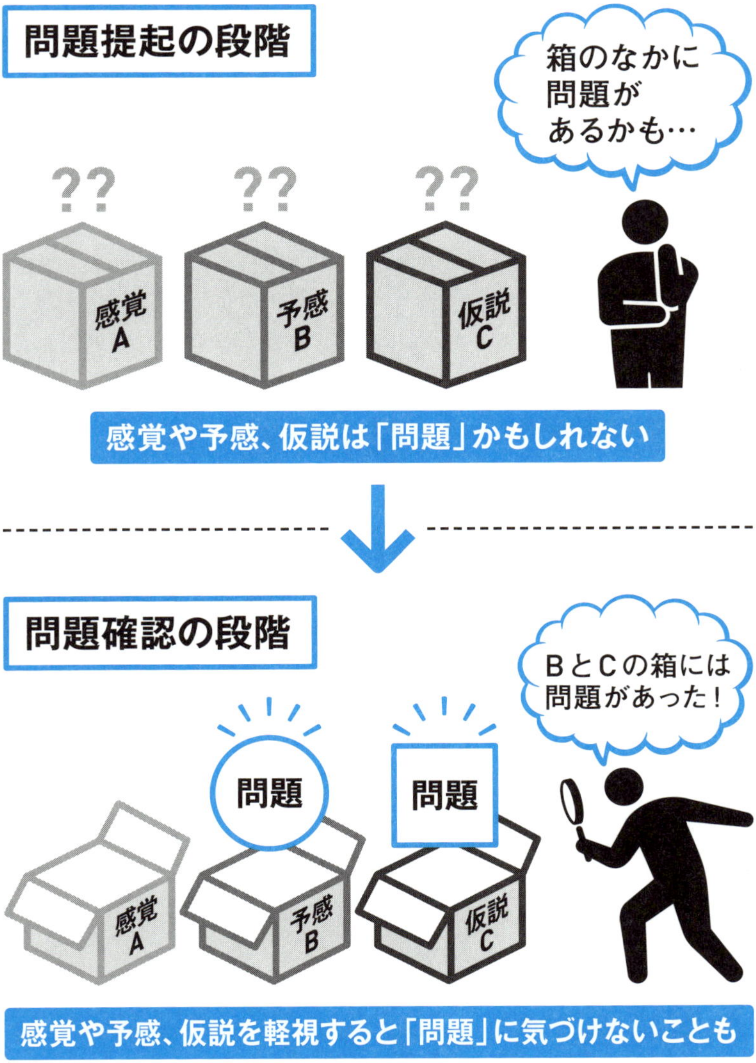
問題提起の段階
箱のなかに問題があるかも…
??
??
??
感覚A
予感B
仮説C
感覚や予感、仮説は「問題」かもしれない
問題確認の段階
BとCの箱には問題があった！
問題
問題
感覚A
予感B
仮説C
感覚や予感、仮説を軽視すると「問題」に気づけないことも

問題提起 03

問題を出しきることだけに集中する

問題提起を始めると、「それは、○○が原因に決まっている！」「それは、○○すればすぐに解決する」という発言があがることがあります。その発言者が、声の大きな人だったり、立場が上の人だったりすると、議論に混乱をまねき、問題提起がスムーズに進みません。

問題提起のステップで原因を探ったり、解決策を提示したりすることは、混乱の元になると認識しましょう。「なぜ、問題解決にプロセスが存在するのか？」（P52）で説明したように、ステップごとに論点を分けることが、スムーズに問題解決を進めるコツです。

問題提起は、問題の原因を探ったり、思いついた解決策を言ったりするステップではありません。もっともらしい原因や、素晴らしいアイデアを思いついたときは、ふせんやノートにそっとメモしておき、後のステップで共有するようにしましょう。

さらに、「時間配分を常に意識する」（P18）で説明したように、問題解決では時間配分が大切です。**無用な議論や確認に時間を割いていると、あっという間に時間が過ぎてしまいます。**

繰り返しになりますが、問題提起のステップでは、問題を出しきることだけに集中しましょう。

論点から外れて、原因や解決策を探ってはいけない

◎ 各ステップの論点を明確にして進めると…

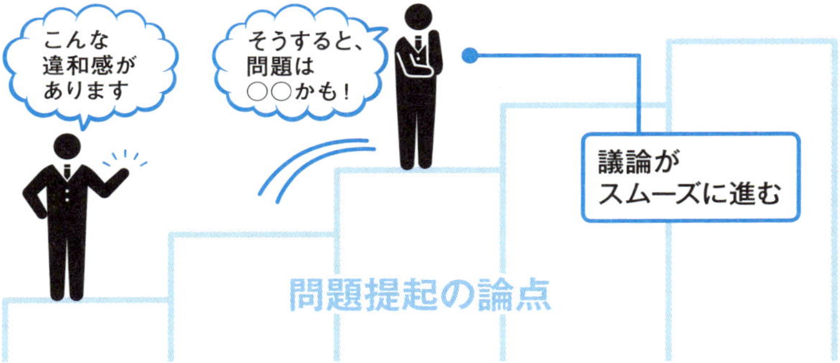

違和感（＝問題意識）を共有することができる

× 問題確認をせっかちに進めると…

議論が混乱し、前に進めない

問題提起 04

問題は、テーマを決めて、テーマ内で幅広く提起する

問題を考えるときは、大雑把なテーマが必要となります。もちろん、フリーハンドでスタートすることにも意義はありますが、話が広がりすぎて集約（目標設定）するまでに時間がかかるので、十分な時間がとれるときに限定するのが妥当です。

効率を考慮するならば、問題解決を仕切る責任者が、自分で感じている問題意識や、メンバーからヒアリングした問題意識を元に、それらをある程度包含するテーマを設定する進め方がおすすめです。

テーマが設定されたら、逆説的ですが、ここからは幅を広げていきましょう。問題意識を共有しあう際に、テーマから少々外れても許容する雰囲気をつくると、幅広く問題意識の共有ができます。

また、問題解決のメンバーが特定の部署やバックグラウンドの人たちだけだと、問題のとらえ方が偏ってしまうので、メンバーの幅をある程度広げることが理想です。

上流工程・下流工程の部署の人、顧客あるいは、それに類する視点をもつ人などにも問題提起をしてもらうと、さらにいいでしょう。

議論の焦点が定まれば、何を話し合うべきかがわかる

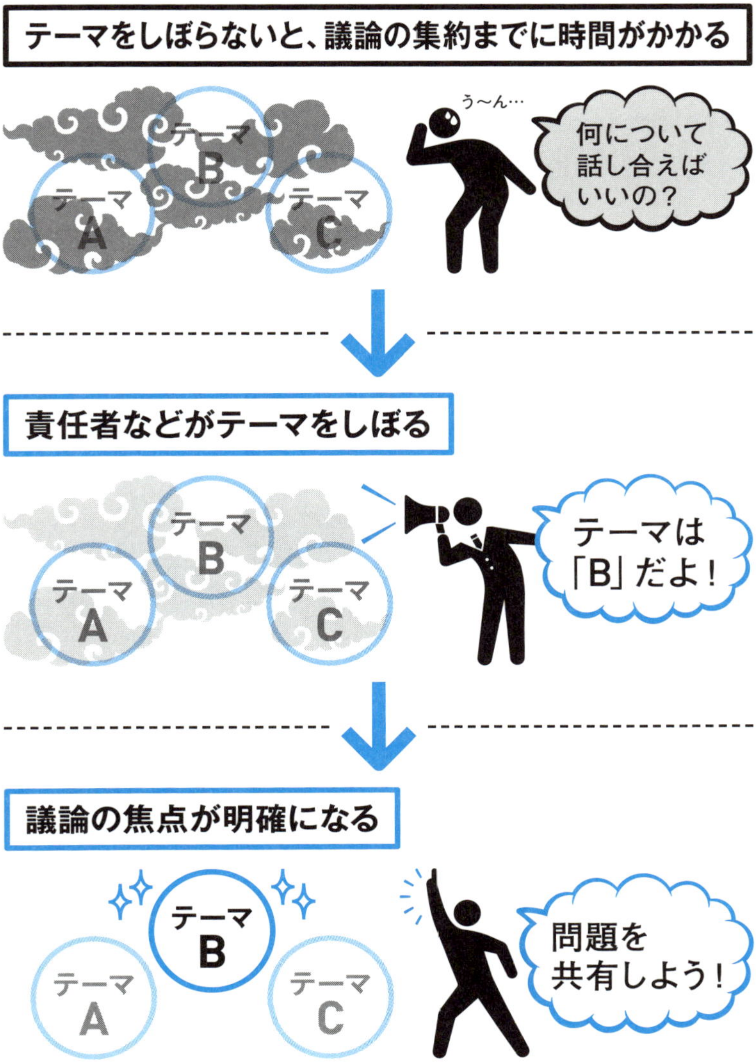

問題提起 05

ふせんを徹底的に活用する

ふせんと大きなホワイトボードがあると、論点が整理しやすく、かかわるメンバーの理解も進み、効率的にプロセスを進めることができます。

その際、使用するふせんのサイズは2.5㎝×7.0㎝がおすすめです。

実際に書き込むと、「このサイズだと小さすぎて書ききれない」と感じるかもしれませんが、端的に書くことを心がける意識づけにもなる丁度いい大きさです。通常の問題であれば、このサイズで書ききれるでしょう（どうしても書ききれない問題は、他のものよりも小さな字で書きましょう）。

ふせんの色にこだわる必要はありませんが、問題と解決策とで、色を分けると視覚的にわかりやすくなります。ふせんの色は２色用意し、「問題」書き込み用と「解決策」書き込み用で分けることをおすすめします。

「問題の因果関係を整理する」（P30）でお伝えした通り、問題を記入したふせんを、因果関係で結ぶ際にはホワイトボードに貼るのが効果的です。そのとき、ふせんがはがれ落ちないように、ホワイトボードの材質によっては強粘着性のふせんを選ぶと議論に集中できます。

また、問題をふせんに書き込む際、左側に１㎝程度の余白をつくっておくと後で便利です。余白の利用法は「重要性と緊急性を可視化し、評価する」（P92）で詳述します。

ポイントは「サイズ」「色」「左1㎝の余白」

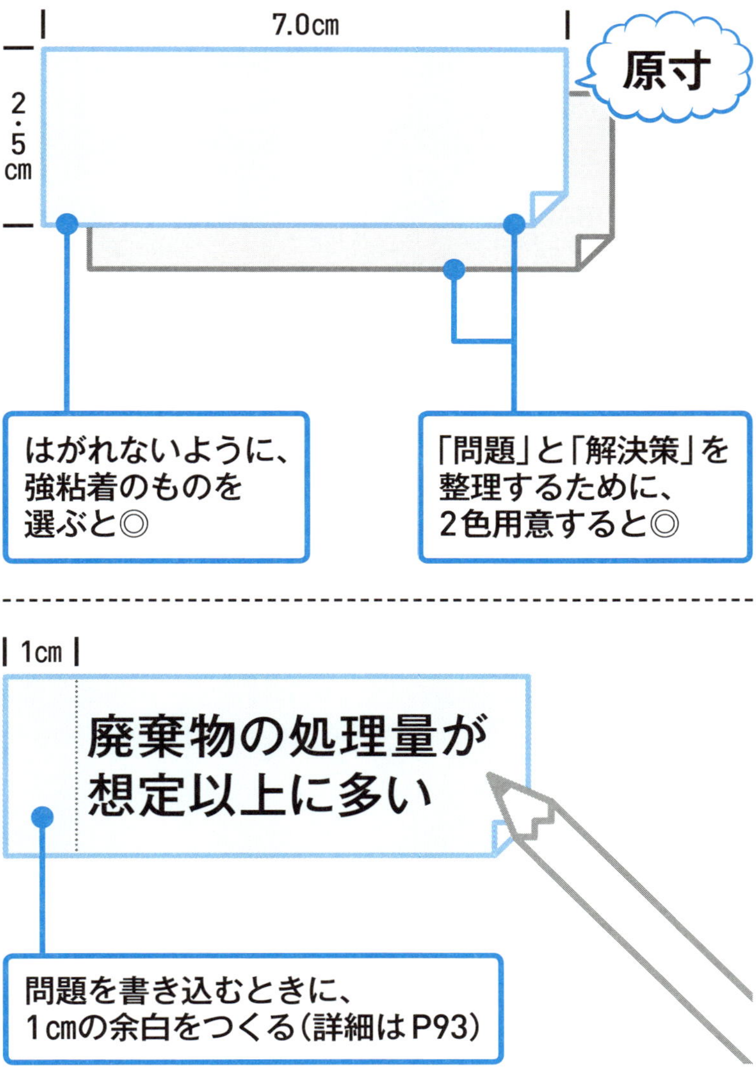
7.0㎝
2・5㎝
原寸
はがれないように、強粘着のものを選ぶと◎
「問題」と「解決策」を整理するために、2色用意すると◎
1㎝
廃棄物の処理量が想定以上に多い
問題を書き込むときに、1㎝の余白をつくる（詳細はP93）

問題提起 06

問題の表現方法で気をつけること

「考えている問題」「感じている問題」を伝えるときは、意図がきちんと伝わるように、表現方法に注意しましょう。特に意識すべきことは「客観的な表現を使う」「時間軸に合った表現にする」「具体化はホドホドにする」の３つです。

以下に、３つの具体例を示します。

■客観的な表現を使う

×：花瓶が割られている（人が割ったことを想起させる）

○：花瓶が割れた（必ずしも人が割ったとは想起させない）

■時間軸に合った表現を使う

【過去】花瓶が割れた

【現在】花瓶が割れ散っている

【未来】花瓶が割れるかもしれない

■具体化はホドホドにする

×：Ａさんは月曜日遅刻した

×：Ａさんは火曜日遅刻した

×：Ａさんは木曜日遅刻した

⬇

○：Ａさんは頻繁に遅刻する

「客観性」「時間軸」「抽象度」の視点をもつ

客観的な表現を使う

× 花瓶が割られている

◎ 花瓶が割れた

時間軸に合った表現を使う

過去：花瓶が割れた

現在：花瓶が割れ散っている

未来：花瓶が割れるかもしれない

具体化はホドホドにする

- Aさんは月曜日に遅刻をした
- Aさんは火曜日に遅刻をした
- Aさんは木曜日に遅刻をした

→ Aさんは頻繁に遅刻をする

問題提起 07

1つの事象から複数の問題提起があってもいい

「1つの事象につき、問題は1つ」とは限りません。

場合によっては、1つの事象から複数の問題があがることもあります。

たとえば、1つの事象から、「現在」と「未来」という2つの問題を提起できる場合があります。「今（現在）、目の前で花瓶が割れている」とします。花瓶が割れるのは、これで3回目です。すると、「また（未来）、花瓶が割れるかも」と、未来の予測につながります。

その場合は、どちらかを選ぶのではなく、問題（ふせん）を2つ書き出しましょう。現在の問題は応急的解決策を必要とし、未来の問題は根本的解決策を必要とすることになります。

また、1つの事象から芋づる式に問題が連想できるときは、それらをバラして、1つずつ、問題として提起するようにしましょう。

たとえば、通勤で駅まで歩いているとき、駅方面から人がぞくぞくと戻ってきていることに気づいたとします。このとき、「電車が止まっているかも…」と問題を考えたなら、次のような連想にもつながるでしょう。

- 会社に遅刻するかもしれない
- 朝一番の顧客に対応できないかもしれない

この場合も、問題を1つにしぼるのではなく、問題（ふせん）を2つ書き出します。

現在の状況から未来の問題を「予測」、「連想」する

未来の問題を「予測」する

予測
これで3回目…。
また、割れるかも
現在
花瓶が
割れ散っている

未来の問題を「連想」する

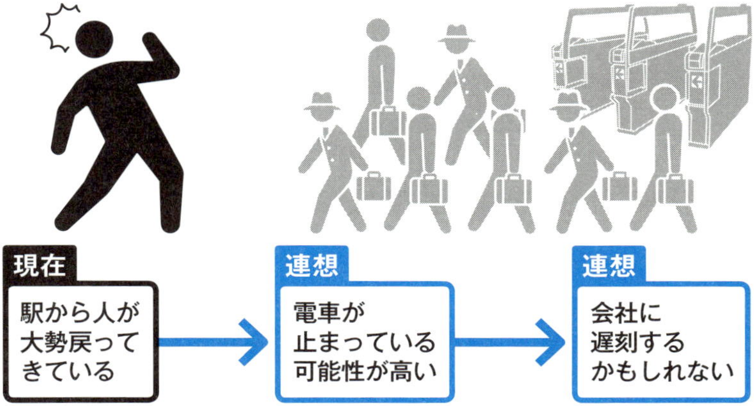
現在
駅から人が
大勢戻って
きている
連想
電車が
止まっている
可能性が高い
連想
会社に
遅刻する
かもしれない

問題提起 08

問題の見すごしを防ぐ

問題とは、理想と現実のギャップです。

企業にとっての理想は、最終的には経営理念、つまり「ミッション」「ビジョン」「バリュー」になります。

そして、経営理念実現への進み方を定めたのが「経営戦略」です。経営戦略には「その実行がなされているか」「実行は結果を生んでいるか」を確認するマイルストン（中間ゴール）が設定されます。通常、マイルストンは、業績目標や業務目標と呼ばれます。

このマイルストンが目下の理想となり、目下の理想とのギャップを問題としてとらえます。最終的な理想（経営理念）を実現するために、それらの諸問題を解決していくことが経営におけるPDCA（マネジメントサイクル）となります。

問題は、理想と現実のギャップであり、理想である**業績目標や業務目標を常に意識しながら現実を把握していないと、問題が見すごされてしまいます。**経営会議で定期的に予算実績対比がおこなわれるのは問題の見すごしの有無を確認するためです。

また、マネジメントに近い立場の人は、業績目標、業務目標を意識しているだけは不十分です。それらの目標が前提にしている経営戦略についても常に意識していないといけません。

経営戦略は、環境が変われば変えるべきものであり、マネジメントはその変更の責務を負います。環境が変わったにもかかわらず従来の戦略からブレークダウンされた目標のみを見て、問題を発見していても、マネジメントとしての職責に応えているとはいえないでしょう。

マイルストンを達成しながら、最終ゴールの経営理念を目指す

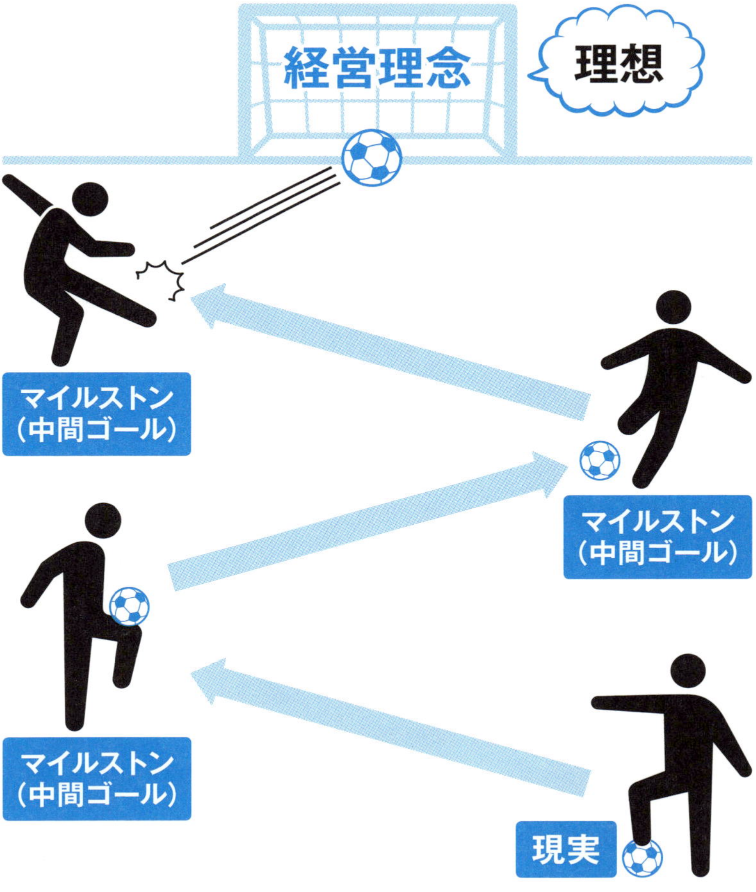

ゴールまでのPDCA

計画（P）されたマイルストン（中間ゴール）まで、**実行（D）**していき、その場で問題の有無を**確認（C）**。必要に応じて**解決（A）**する。そして、次のマイルストンを目指す。

問題提起 09

問題を発見する業績目標・業務目標データの見方

業績・業務目標から問題（ギャップ）を発見するには、まずボリュームが大きい、つまり、重要性の高いものに着目する必要があります。たとえば、コストの件ならば、低額ではなく、高額のものに着目します。接待交際費が消耗品費の10倍あるならば、着目すべきは接待交際費です。そうして、**重要性の高いものを見出したら、「変化・傾向」「類似・差異」「異常・集中」の３つの視点からデータを見ます。**

縦軸に問題として着目したい項目をおき、横軸にこの３つの視点をおきます。

３つの視点は、いずれもギャップを認識するためのキーワードです。ギャップとは他との比較、つまり相対的に見えてくるもので、それぞれが相対的にとらえているのは以下です。

①変化・傾向：時間の経過という項目／過去（または未来）との比較（※）
②類似・差異：比較対象という項目／似たものとの比較
③異常・集中：上記の２つのいずれも表現可能

なお、３つの視点間には概念的なダブりがあります。たとえば、Ａ君とＢ君の接待交際費の推移から問題を発見するとき、推移の点だと「変化・傾向」ですが、２人の比較という点では「類似・差異」になります。

１つひとつの問題は、３つの視点のいずれかに分類されるものではありませんが、３つの視点をキーワードとして、組み合わせたり、順番に試したりしながら、問題を探し当てる方法の１つとして活用してください。

※「変化・傾向」の視点は、時間以外にも、「長さ」「重さ」「明るさ」など、測定対象になる他の項目も扱いますが、一般的には「時間」で考えます

3つの視点でデータを見る

1 縦軸には、「問題」として着目したいことをおく

2 ギャップを認識するための3つの視点（横軸）

① 変化・傾向

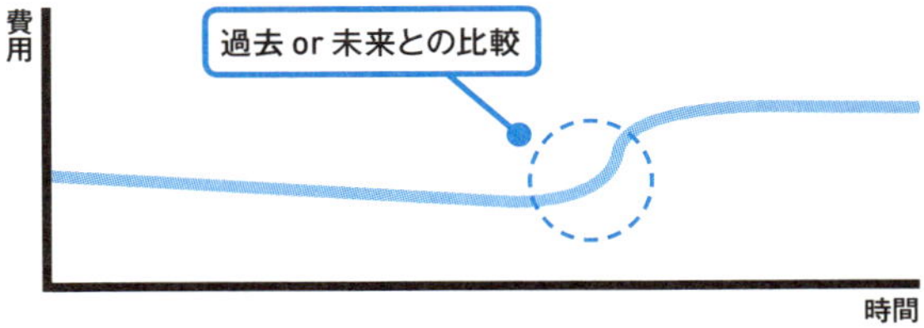

② 類似・差異

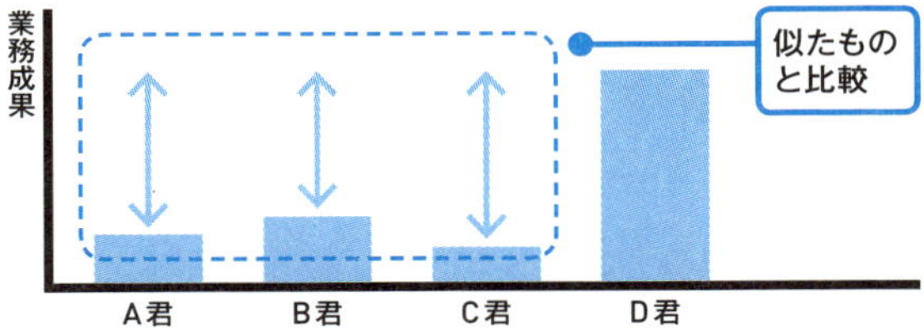

③ 異常・集中

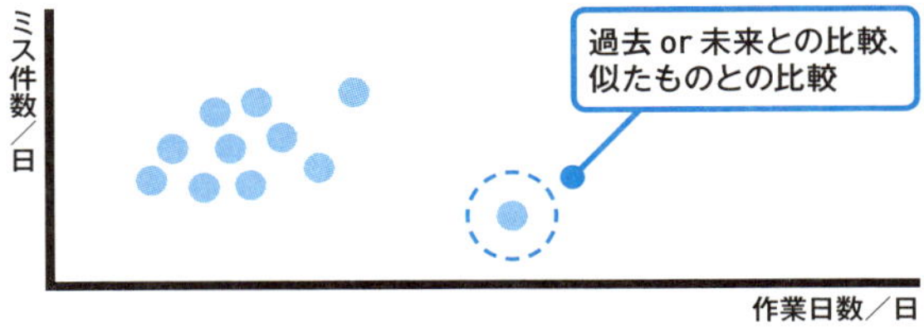

問題確認 01

現実と理想のギャップを明確にする

問題とは、理想と現実のギャップです。問題提起で出された問題が、本当にギャップのある問題かどうかは、問題確認のステップで確認をします。また、問題確認のステップで追加した問題（ふせん）も、確認をします。

確認のタイミングは、おかれた状況に合わせて、判断してください。因果関係で問題を整理する前でもいいですし、因果関係を整理した後に、目標設定で関係しそうな部分のみを確認しても構いません。

確認した内容は、右図のように、別紙にまとめておくことをおすすめします。時間が経過してから、問題に疑問の声があがったとき、立ち戻る基点になります。

その際、ふせん上の問題と別紙に記入した問題の対応関係が不明にならないように、ふせんの左上に通し番号をふっておくといいでしょう。

また、ここでいう「確認する」とは、現実と理想を定量的におさえることです。定量的とは、具体的に数値で物事をとらえることです。「現実」は、観察、データ、ヒアリングなどをもとにおさえることになります。一方、「理想」は、以下の５点のいずれかから設定します。

- 戦略的に設定されたマイルストン
- 上位目標からの論理的なブレークダウン
- 過去からの推移（ベストスコア）
- 他社比較（ベンチマーク）
- 関係するメンバーの総意

現実と理想は定量的に表現する

「現実」と「理想」の一覧表例

No.	現実	理想
1	平均200kg／日の廃棄物が出る	廃棄物の量を100kg／日以下にしたい
2		
3		
4		

ふせんに書いた問題を定量的な表現にして、別紙にまとめる

1 廃棄物の処理量が想定以上に多い

ふせんの左の余白に書いた番号を、表に書く

「理想」は、下記をもとに設定する

❶戦略的に設定されたマイルストン

❷上位目標からの論理的なブレークダウン

❸過去からの推移（ベストスコア）

❹他社比較（ベンチマーク）

❺関係するメンバーの総意

問題確認 02

感覚値の活用で、定量化の時間と手間を節約する

問題確認における定量化は、「現実」でも「理想」でもなかなか骨の折れる作業です。この**定量化に時間と手間をかけすぎないことが、時間配分を考えるうえで大切なポイント**となります。

最初はざっくりと、その後、目標設定に影響する問題（ふせん）をじっくり定量化するなど、精度に濃淡をつける方法もありです。

また、感覚値を活用することも、定量化には有効です。「理想」を決める際の視点の１つとして「関係するメンバーの総意」（P88）と書きましたが、そのような設定の仕方でいいのかと違和感をもった方も多いでしょう。

しかし実際に、「現実」や「理想」の定量化をする際、感覚値を代用することは有効です。時間をとられずにおこなうことができ、また、精度も思っているほど低くはありません。

ただし、感覚値を使う際には注意点が３つあります。

１つ目は、感覚値を平均化するときは、直接の利害関係者の数値を含めないこと。２つ目は、できるだけ多人数の平均値をとること。そして３つ目は、ディスカッションをしたうえでの平均値ではなく、個々人の根拠がバラバラの状況での平均値をとることです。

多くの人の集合知である平均は、優秀な１人の解答よりもはるかに正解に近いことが、さまざまな分野で立証されています。信憑性に必要以上の不安をもたず、積極的に活用しましょう。

感覚値を使いこなすポイント

「感覚値」のメリット

❶時間とお金がかからない

❷多様性を前提とした平均は、
思っているほど精度が低くない
（多くの実験で実証済み）

「感覚値」の注意事項

❶感覚値を平均化するときは、
利害関係者を含めない

❷できるだけ多人数の平均値を採用する

❸考えるプロセスと目線に
多様性をもたせる

問題確認
03

重要性と緊急性を可視化し、評価する

問題の「重要性・緊急性」を判断し、それをふせんに書いて可視化すると、次のステップの目標設定はさらに考えやすくなります。

「重要性・緊急性」は、ふせんの左のスペースに記載するとわかりやすいです。また、度合いは、３段階が妥当です。３段階は（◎＞○＞△）として、右図のように明記すれば、一目で状況がわかります。

重要性は、現実と理想のギャップの大きさで判断します。たとえば、以下のようにして考えます。

- ミス件数が５件程度であれば許容できそうだが、20件となると多すぎる。現実と理想のギャップから考えると、ギャップはきわめて大きく、重要度は「◎」といえそうだ

また、重要性はその問題自体のギャップの大きさなので、他の問題との関係性や緊急性を考える必要はありません。以下のような考え方は重要性を正しくとらえていない考え方です。

- 他の問題を引き起こす可能性が低いから重要度を「△」にしよう
- 急いで解決しないといけない問題だから重要度を「◎」にしよう

緊急性は、以下の２つの視点で考えます。

- 解決の約束期限が近いかどうか（納期、〆切の観点）
- 問題が表面化するまでの時間的猶予があるかどうか（問題発生までの猶予期間の観点）

何をもって重要性・緊急性の３段階のレベルを決めるかは、かかわるメンバーの総意で決めれば十分です。一斉に３段階の度合いを提案し合い、その平均値で決めると、実態と大きく離れない値になります。

ふせんの余白1cmを活用する

例 問題が「緊急」だけど「重要」ではないとき

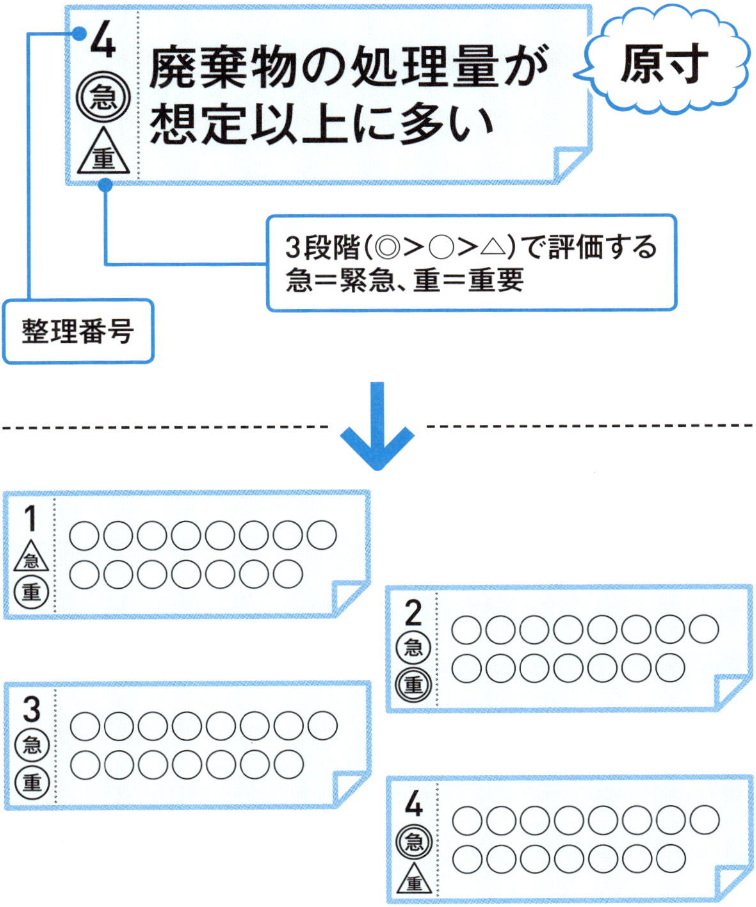

さらに目標設定がしやすくなる

問題確認 04

情報の確度を可視化する

「現実」を確認する観点として、「情報源の確度（確かさ）」があります。

情報源の確度の確認方法として、「自分で確認した一次情報のみをもとに考える」といわれることもありますが、これは現実的には不可能です。

一次情報とは、自らが直接見聞きした現場情報など、情報源に近い情報のことです。二次情報とは、インターネットや雑誌など、情報源から距離があり、情報が加工されている情報のことです。

この２つは区別が難しく、実際の現場で担当者から話を聞いたら「一次情報」とは言い切れません。その担当者が他者からの受け売りで話をしているようであれば「二次情報」になります。また、その担当者の発言の信憑性が高かったとしても、自分自身が勝手な解釈をしたり誤解をしたりするリスクもあります。

ここで**大切なことは、その情報が一次情報か二次情報かという点ではなく、「情報の確かさで情報の扱い方を変える」という点**です。

「情報の確かさで情報の扱い方を変える」ということを念頭におき、重要性・緊急性のいずれにおいても、情報の確度を識別できるようにしておくと便利です。その情報の確実性が低い可能性があるのであれば、破線で印をつけて、確度の違いが一目でわかるようにします。

「緊急」「重要」のレベルに情報の確度をかけ合わせる

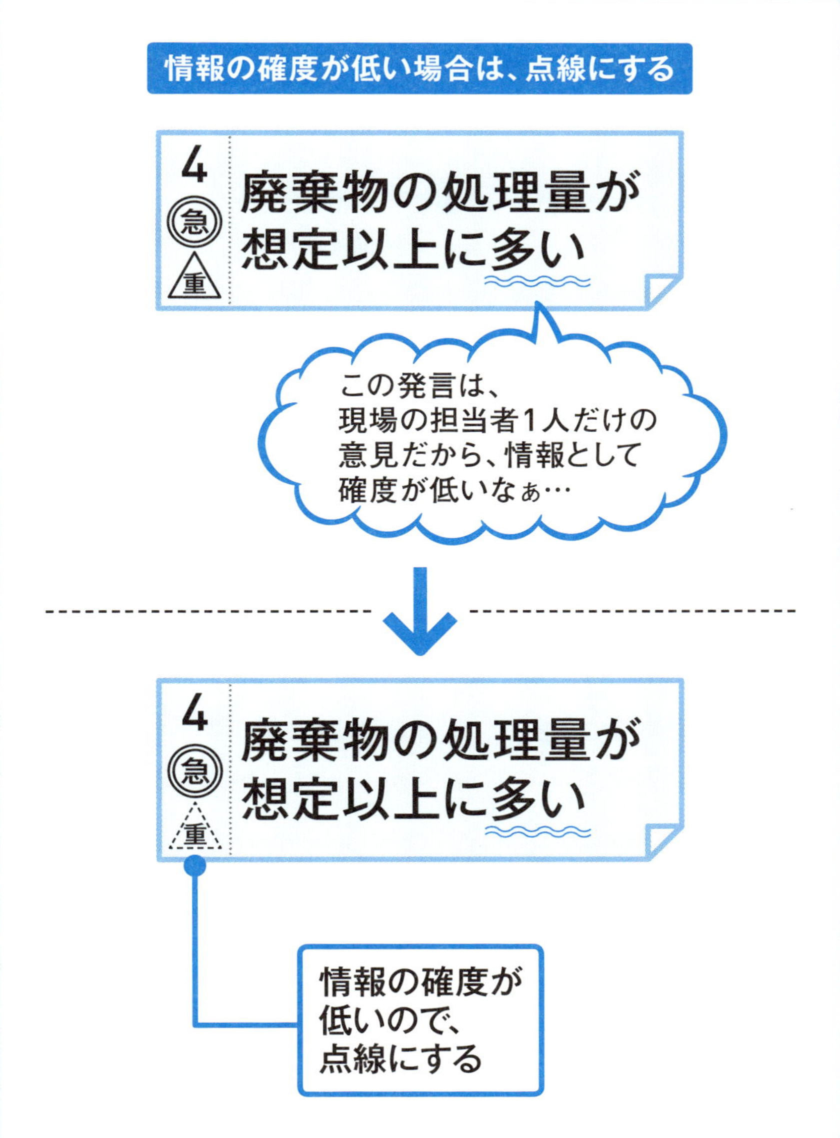
情報の確度が低い場合は、点線にする
4
急
重
廃棄物の処理量が
想定以上に多い
この発言は、
現場の担当者1人だけの
意見だから、情報として
確度が低いなぁ…
4
急
重
廃棄物の処理量が
想定以上に多い
情報の確度が
低いので、
点線にする

問題確認 05

重要性は「会社にとって重要か？」で調整する

問題の重要性は、現実と理想のギャップの大きさで考えますが、「そもそも誰にとっての問題か」によって重要性が変わってきます。

問題解決が会社にかかわることなら、問題の大きさは「会社（自社）にとって」という視点になります。したがって、たとえギャップが大きかったとしても、それが会社として「どうでもいいこと」であれば、重要度を下げる必要があります。

主要な取引先にギャップが大きな問題が発生したとしても、その問題自体は、自社にとっては重要な問題ではありません。しかし、一般的には、その問題の因果関係上の先で（帰結として）、自社にとっての問題が発生している可能性が高いでしょう。その自社にとっての問題のギャップが大きければ、その時点で、重要な問題となります。

また、会社にとっての重要性は、単に会社の売上、費用などの情報だけを根拠に考えるのではなく、会社が目指す経営理念や戦略上のマイルストンを念頭におくことが大切です。

たとえば、経営理念で、従業員１人ひとりのライフワークバランスを、真に改善することを掲げているならば、社員が有給休暇をとれないことは会社にとって重要な問題といえます。

また、新規顧客を大切にし、そこから売上を伸ばしていくことを戦略として考えているのであれば、新規顧客の獲得が進まないことは会社にとって重要度の高い問題といえます。

「誰にとっての問題か?」が重要度を決める

上司の机が汚い

□会社の業績にかかわる
□会社の理念にかかわる
□マイルストンにかかわる

➡ 重要ではない(△)

ワークライフバランスの向上

□会社の業績にかかわる
☑会社の理念にかかわる
□マイルストンにかかわる

➡ 重要(○)

規模にかかわらず初めてのクライアントを大切にする

☑会社の業績にかかわる
☑会社の理念にかかわる
☑マイルストンにかかわる

➡ とても重要(◎)

☑会社にとって
□自分にとって

これを軸に**重要性を調整**する

問題確認 06

問題の全体像をわかりやすくする

問題（ふせん）間の因果関係の強さは一様ではありません。この因果関係の強度の差を、問題（ふせん）を連結する線の太さで変えることは、問題の全体像をわかりやすくするとてもいい方法です。

因果関係が強く、「Aが起きるとBが起きる可能性が極めて高い」のであれば線を太くし、因果関係が普通ならば通常の線を、因果関係が弱いならば点線を使い区別します。

右図の例の、「まれに異物混入のクレームがある」について、「鉄やプラスチックなどの混入に比べて、雑草などの混入は他社でもある程度あるので、頻度が低いうちは、信用性に大きな影響がなさそう」と判断するのであれば、点線の表記になります。

なお、**太さの線が４種類以上になると、かえってわかりづらくなる**ので、分けるとしても、太線（強い因果）・通常の線（普通の因果）・点線（弱い因果）の３つ程度に分けるのが妥当です。

この区分けは、かかわるメンバーの総意で決めればいいでしょう。因果関係は、ふだんの業務中には意識していないことが多く、業務範囲や部署を超えたものについては、ほとんど関心がないことが多いものです。

このプロセスを経ると、かかわるメンバー間での問題の全体像の合意形成が進むというメリットもあります。

「太線」「通常の線」「点線」で因果関係に強弱をつける

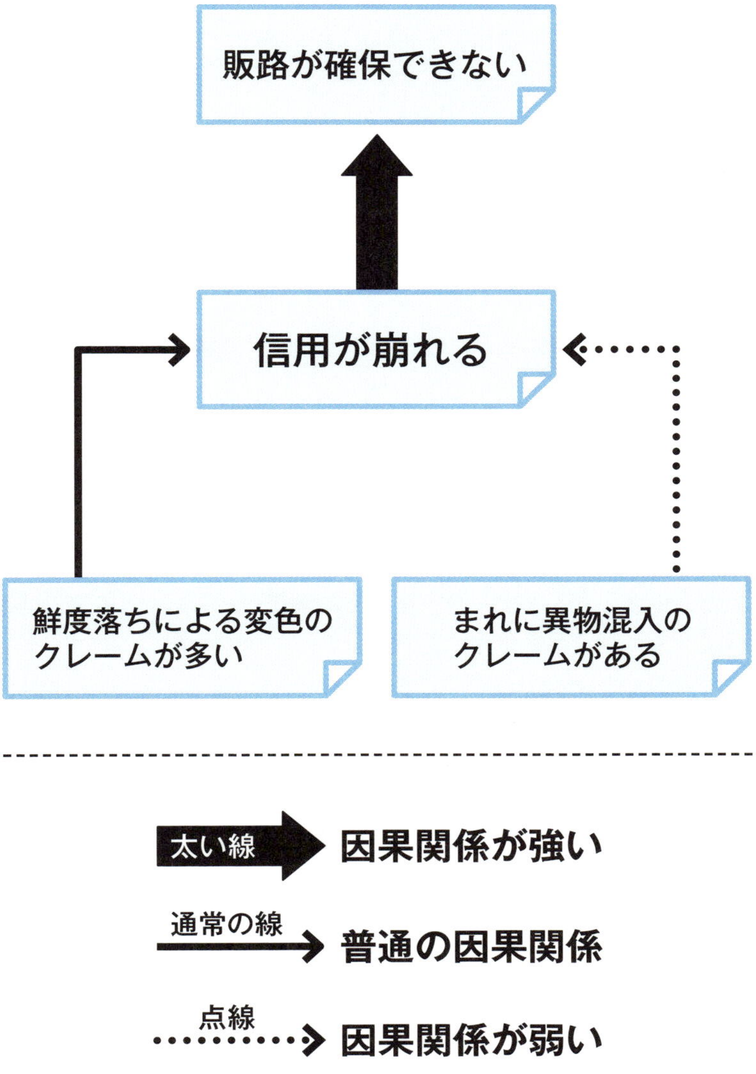
販路が確保できない
信用が崩れる
鮮度落ちによる変色のクレームが多い
まれに異物混入のクレームがある
太い線
因果関係が強い
通常の線
普通の因果関係
点線
因果関係が弱い

問題確認 07

問題は「業務→戦略→経営理念」の連鎖

因果関係で整理された問題の構造は、多くの場合、以下のように並んでいます（本書では、「下を原因」「上を結果」としています。P30参照）。

- 経営理念やコンプライアンスに関する問題

　⬆

- 戦略上の問題

　⬆

- 業務上の問題

「だから何？／何が問題か？」と問いかけ続けると、導かれる問題は、経営理念にかかわることが中心になります。ただし、経営理念にかかわる要素がすべて一番上にくるとは限りません。なぜなら、モノゴトにはループになるグッドサイクルとバッドサイクルの関係があるので、正確に何が最後の結果となるかは決めにくいのです。

また、このループを循環させる重要な要素は、「利益」です。利益があるからこそ、従業員をはじめ、経営にかかわる多くの人に報いることができ、再投資も可能になります。利益をあげることは企業が顧客のニーズを継続的に満たす上で必須であり、因果関係では通常、もっとも上にくる要素になっています。

しかし、利益がいかに上に書かれたとしても利益自体が究極の目標ではなく、右図にあるように、経営理念の実現に必要だからにすぎません。利益（お金）は血液のようなものです。血液は生きる上で不可欠ですが、人間は血液を循環させるために生きているのではありません。利益は経営理念を実現させる手段であることを、常に心に留めておいてください。

利益は経営を動かすガソリンのようなもの

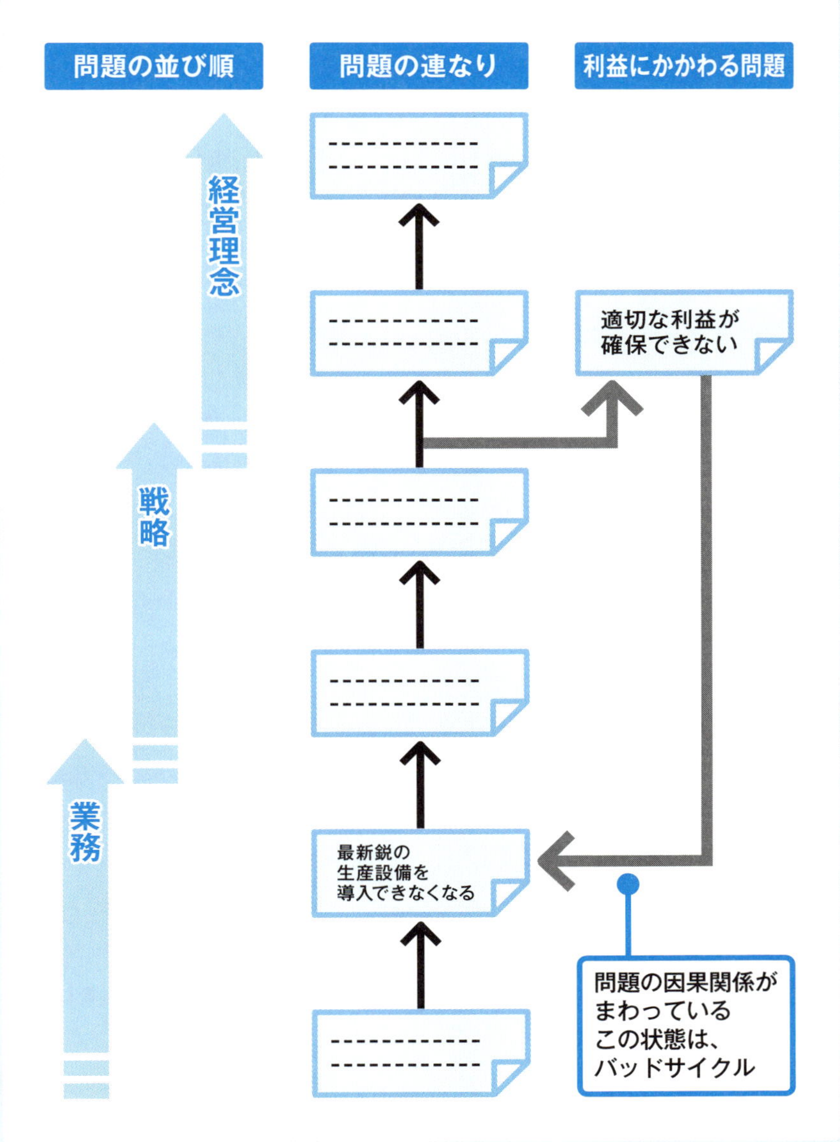
問題の並び順
問題の連なり
利益にかかわる問題
経営理念
戦略
業務
適切な利益が
確保できない
最新鋭の
生産設備を
導入できなくなる
問題の因果関係が
まわっている
この状態は、
バッドサイクル

目標設定
01

「重要性×緊急性」も加味する

解決すべき問題をふせんのなかから選ぶときは、より上にある「結果側」から選ぶように考えます。加えて、**「重要性×緊急性」のどこに位置するのかという情報も考慮すると、より的確な判断ができます。**

「重要性×緊急性」で区切った、4つの象限《しょうげん》の原則的な考え方は、右図の通りです。重要性と緊急性、どちらも高いものは優先的に取り組むべき問題です。その次に優先するのは、重要度が高く、緊急度が低いものです。

つい手を出してしまいがちな重要度は低く、緊急度が高いものは、「勇気を出してほっておく」ことが大切です。言い方は極端ですが、重要性が低いものは、部下やシステムに任せて、「仕組みとして解決する」ことが理想です。それくらいの思いきりをもてば、時間という貴重な資源を、自分の役割としてやるべき仕事に集中させることができるのです。

その問題自体の「重要性×緊急性」の判断だけではなく、その問題の先にある問題が「重要性×緊急性」で、どのようなステータスなのかということも目標を設定する判断材料となります。もちろん、「重要性×緊急性」のどちらも大きな問題が、その先につながっているならば、それは選ばれる有力な候補になります。

なお、解決すべき問題が複数選ばれた場合にも、それぞれの問題の解決に費やす時間やコストなどの資源配分は、「重要性×緊急性」を参考にしつつ、判断するといいでしょう。

貴重な資源を思いきり活用する

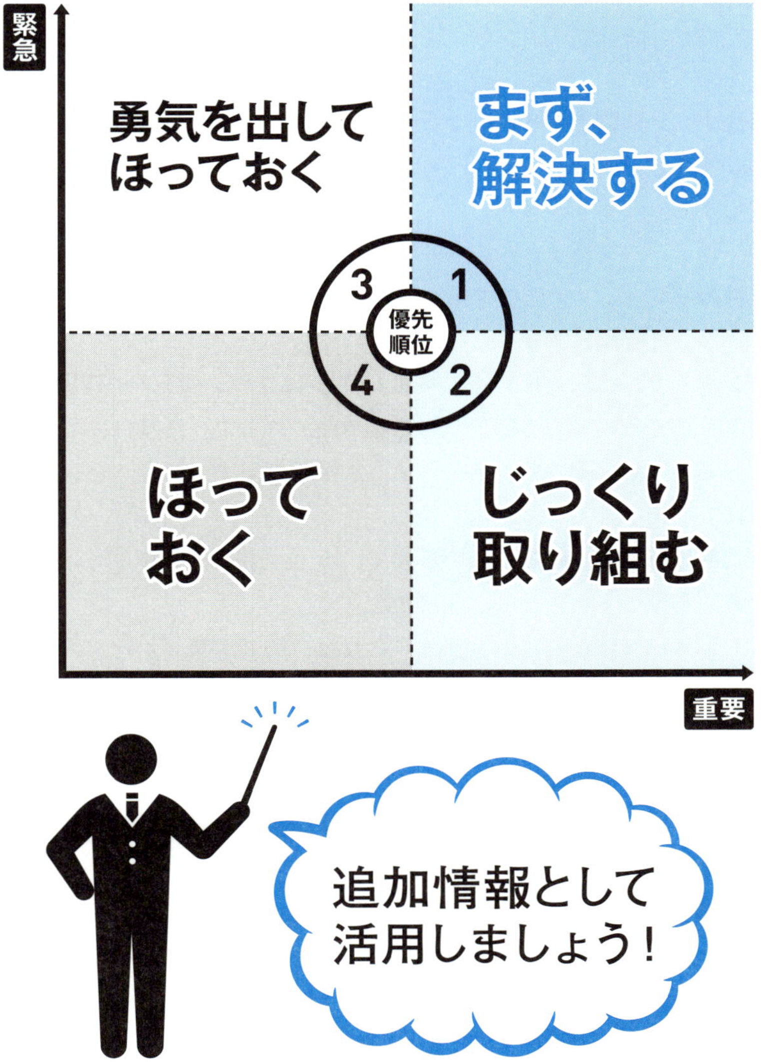

目標設定 02

ボトルネックとなっている問題の有無を確認する

解決すべき問題をふせんのなかから選ぶとき、**「ここを解決すれば多くの問題が同時に解決する」という部分があれば、そこを課題として選ぶと効率的**です。

複数の問題を、因果関係で結ぶとき、その連結箇所にある問題は、「ボトルネック」と呼ばれます。

ビジネスにおけるボトルネックとは、ビジネスのシステムや仕組みの「全体効率をおとしめている部分」の意味で使われます。これは、どれだけ水が入っていても、細い首の部分が出る水量を制限するというビンになぞらえられています。

その部分が全体を制限しているので、ボトルネックとなっている問題に経営資源を投下することは、理にかなっています。

ボトルネックになっている部分があれば、その問題（ふせん）を選びましょう。

ボトルネックが存在しているとき、他の部分の問題は、全体の問題解決に貢献しづらく、解決にかけた費用や時間、手間に対して効果が見込めない可能性があります。

その意味でも、さまざまな要素で構成されている因果関係からボトルネックとなっている部分をきちんと見極めることは、非常に重要です。

ボトルネックは「全体効率をおとしめている部分」

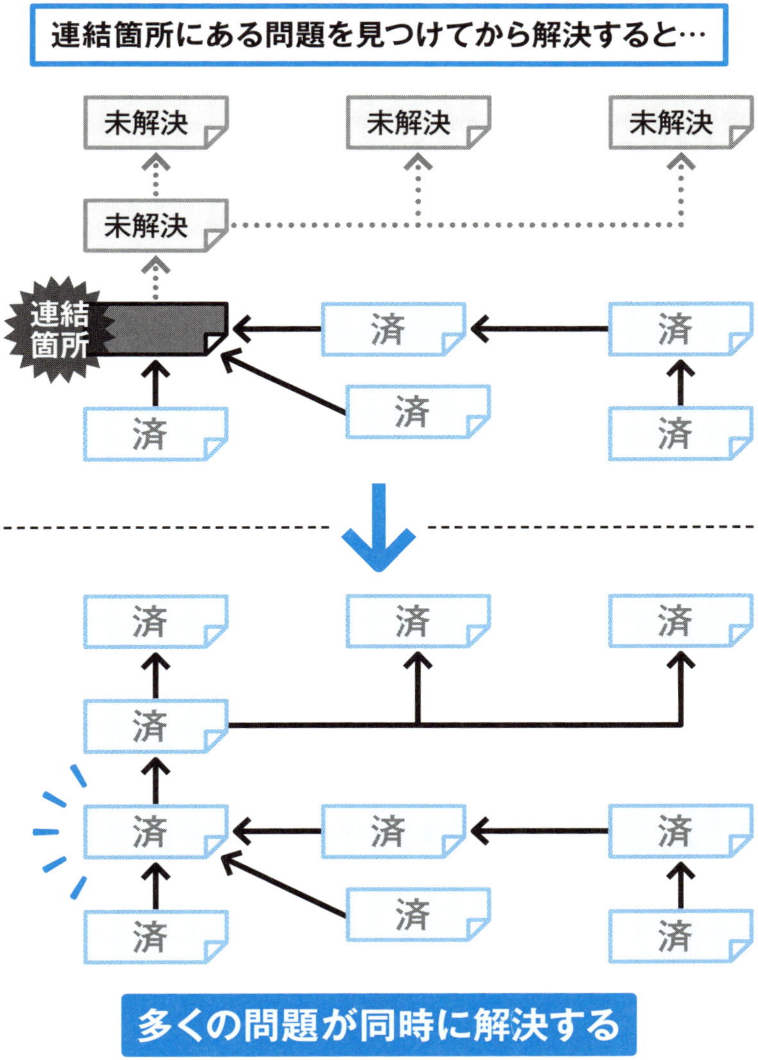

目標設定 03

はかり方（定量化）を考える

目標の数値は、原因や解決策によって修正されることがあります。しかし、「どのようにはかるのか」というはかり方自体は、問題解決を進めていくなかで基本的に変わりません。

目標のはかり方を決める際、「はかりやすいものをはかる」というスタンスでは本質からずれてしまい、問題が解決されたのかどうかの適切な判断ができなくなってしまいます。**はかりやすいものをはかるのではなく、「本質をいかにはかるか」を考えるようにしましょう。**

ビジネス現場の現状や、その成果をはかることは決して簡単でなく、現場からは「はかれない」という意見が頻繁に出されます。正確には、「そのようなモノゴトをはかろうとすると費用と時間が多大にかかり現実的でない」という意見です。

問題解決が成功したかどうかをはかる際、多く場合、数％までを正確にはかる必要はありません。

「顧客のリピート率が34％から63％に伸びた」という情報ならば、34％を30％、63％を60％と置き換えても大きな問題はありません。

したがって、少々の誤差が生じても、「本質をはかる」という考えを貫きましょう。具体的には、以下の３つの手法を使うと、実践的にはかれる範囲が広がります。

- 略す：サンプリング／定点観測
- 代替する：同時性のあるもの、結果として生じるもので代替
- 感覚値を使う：（P90を参照）

「本質をいかにはかるか」が大前提

誤差を許容しながら本質をはかる方法

本質をはかるとき、誤差を恐れてはいけない

目標設定 04

定性的なものを定量化するコツ

モノゴトには「定性」と「定量」の２つの側面があります。人間の身体的な特徴を「やや痩せ型」というと定性的な表現ですが、「BMIが18.5」というと定量的な表現になります。

モノゴトを判断する際には、定性的であるよりも定量的であるほうが圧倒的に便利です。判断の前提には「比較」があり、定量化は比較を明確にしてくれるからです。身近な例をあげると、以前、リンゴの甘さは定性的に表現されていましたが、今は「糖度」によって定量的に提示されることが多くなり、私たちは好みの甘さを細かく選べるようになりました。

仕事をする上でも、定性的なものを定量化して考えることは大切です。定性的なものを定量的にとらえる一番簡単な方法は、段階分けによる定量化です。たとえば、５段階の分類で、右図の「BMI値18.5」を定量化し、彼が痩せているかどうか判断する場合は、次のような表現で考えます。

〔１〕まったく～ない／〔２〕あまり～ない／〔３〕どちらともいえない／〔４〕とても～だ／〔５〕ものすごく～だ

なお、段階分けを使って定量的に考える場合、以下の点に注意します。

- 段階分けはアンケートのように多人数による投票が適している
- 10段階など細かい段階分けは有効に機能しにくい
- 段階の基準となるレベル感を提示し、目線をそろえる。たとえば普通とは「どのような状態、感覚か」などを定義する

定性的なものは「段階分け」をして定量化する

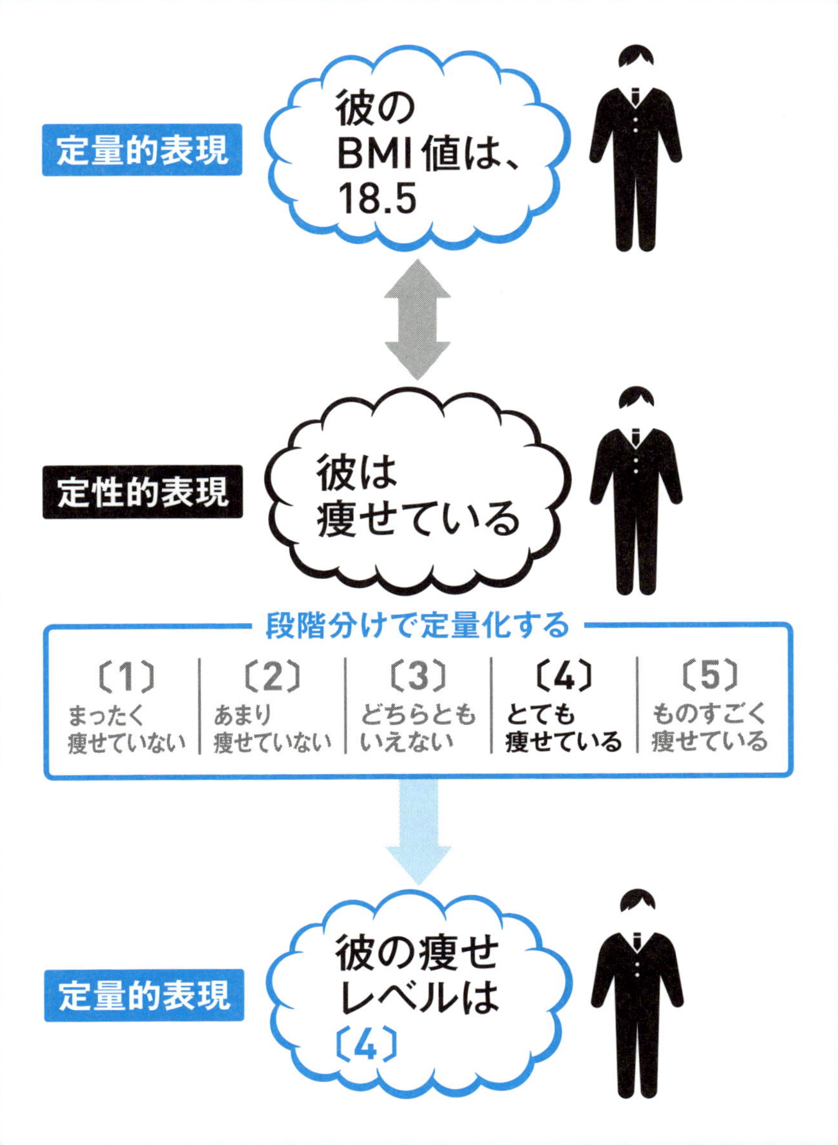

原因分析 01

「原因分析」と「解決策立案」どちらが大切か？

問題解決において、「原因分析と解決策立案のどちらが大切か」ということがよく議論になります。そのような議論については、以下のように考えると、整理しやすくなります。

問題解決が、

- 通常ならうまくいく
- うまくいくはずだった
- 今まではうまくいっていた

ならば、うまくいかない原因があるはずなので、「原因分析」が解決の鍵を握り、問題解決に向けて「Why？」の問いかけが大切です。

問題解決が、

- 普通どおりだとうまくいかない
- 実現できたことがない

ならば、うまくやるための画期的な打開策が必要で、原因分析よりも「解決策立案」が解決の鍵を握り、問題解決に向けて「How？」の問いかけが大切です。

一般的に、原因分析が鍵を握る場合の問題を「発生型問題」、解決策立案が鍵を握る場合の問題を「設定型問題」といい、これら２つの兼ね合いを考えて、**どちらのステップにより多くの時間を割くのかを決める**ことが大切です。

「Why?」か「How?」で考える

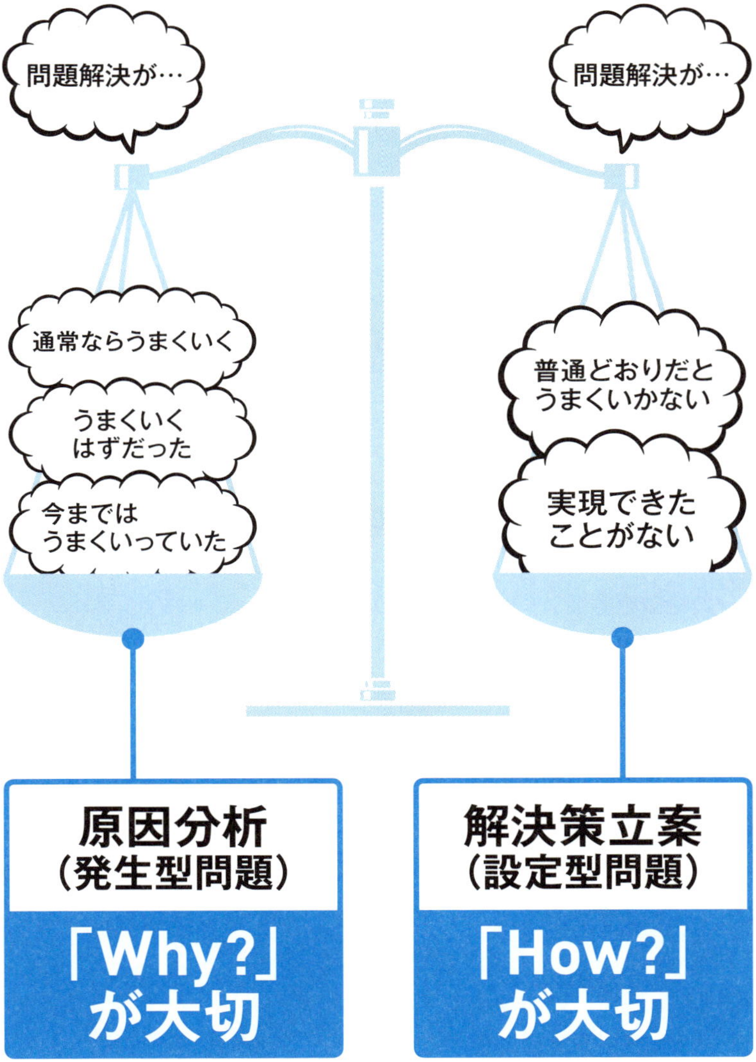

原因分析
02

問題箇所を明らかにする「どこ？」の進め方①

原因分析で問題が起こっている場所を特定する視点は、「問題を発見する業績目標・業務データの見方」（P86）と基本的に同じです。**問題が起きている場所と起きてない場所を明確にするためには、差異分析がとても有効**です。

差異は、比較することで見えてくるので、比較対象をどのようにつくるのかが、分析のための視点となります。その視点のキーワードは、以下の３つです。

「変化・傾向」「類似・差異」「異常・集中」

進め方は以下の通りです。

1 問題の個別具体的な事象を７つ程度書き出す（5W1Hを活用）

2 それらのデータを眺めながら、キーワードを念頭に、問題が起きている部分の特徴を考え、「どこ？」への仮説をつくる
　①まず、変化・傾向
　②続いて、類似・差異（※P114～P115で詳述）
　③最後に、異常・集中を含めて３つの視点の混成

3 仮説を立てたら、問題の生じてないケースを数個程度参照して、仮説の反証をする

4 検証結果の精度を高めるためにもっと多くのデータで検証する（問題が発生しているケース、していないケースの両方）

この進め方のポイントは、まずは少ないデータで当たりをつけてから大量のデータで最終的な検証をすることです。人間の脳みその同時処理は最大７つといわれているので、７つ程度の事象から当たりをつけます。

「問題の有無」の違いを分析する

1 問題の個別具体的な事象を最大7つ書き出す

いつ　だれが

どこで　なにを

どのように　どうした

5W1Hを活用

2 次のキーワードをもとに、仮説をつくる

まず ＝変化・傾向

続いて ＝類似・差異

最後に ＝異常・集中

3つの視点で考える

3 仮説ができたら、仮説を反証する

ふむふむ
問題がない事象を
いくつか参照

仮説の間違いを
証明する

4 反証で問題がなければ、もっと多くのデータで検証

他は
どうだろう？

問題がある事象、
ない事象の両方で検証する

原因分析 03

問題箇所を明らかにする「どこ？」の進め方②

前ページで紹介した、「❷－②続いて、類似・差異」の部分をもう少し詳しく解説します。この部分の**進め方は、大きく２通り**あります。１つは仮説をたどっていくもの、もう１つは網羅的にたどっていくものです。

仮説パターンは「問題の発生箇所は○○だと思う！」というピンポイント的な進め方で、**網羅パターンは「問題の発生箇所の候補をすべてあげてみて、その後、１つひとつ可能性を検証しましょう」という進め方**です。

網羅的に進めるには、すべての可能性をリストアップする必要があります。すべての可能性をモレなくダブりなくリストアップするには、抽象的な概念を出発点にして、徐々により具体的なモノゴトに展開していくと効率的です。このように展開していくと、末広がりで候補が無数になります。この状態で表現されたものを一般的に「ロジックツリー」といいます。

しかし、無数の候補を出したあとに、１つずつ可能性を検証していくと、時間がかかりすぎてしまうので、実際には、分類をしたらその都度検証をし、可能性が低いと判断したものはそれ以上展開をしないことになります。

このときの検証は、時間が限られている場合だと、仮説を頼りにした大雑把なものにならざるをえません。さらに、分類の決め方にも仮説が含まれています。たとえば、「価格・品質・販路・広告」以外にも分類方法はありえますが、この分類をした時点で、「この分類なら問題箇所が浮き彫りにできそうだ」という仮説をもっていることを意味します。

これらの観点からいうと、「網羅」の手法でも、多かれ少なかれ「仮説」を取り入れざるをえません。つまり、**仮説をベースとして、検証にさける時間をにらみながら、網羅の要素を取り入れていく**ことになります。

ロジックツリーを使って「類似・差異」を分析する

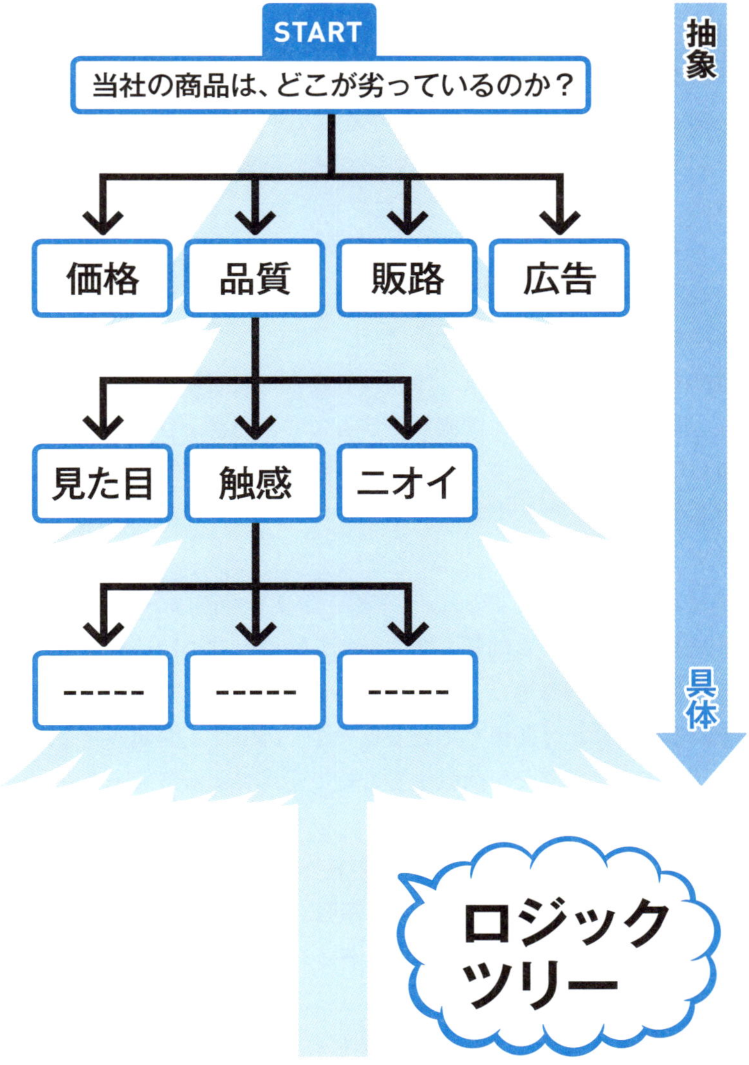

原因分析 04

「なぜ？」を探す着目点

因果関係において、原因は問題に先立ちます。「火のないところに煙は立たない」というように、原因のないところに問題はあらわれません。これを念頭に、**「なぜ？」をどのように発見するのか、「時間」と「空間」をキーワードに考えていきます。**

「時間」をキーワードにすると、「変化・傾向」の関係が見えてきます。

問題に変化や傾向があれば、原因にも変化や傾向のある可能性が高いでしょう。問題と同じ変化や傾向があるもので、問題よりも時間的に先行するものがないかを考えます。ただし、原因から問題の発生までにはタイムラグがあることと、原因が結果に波及していく際の増幅、減幅には注意が必要です。

「空間」をキーワードにすると、「類似・差異」の関係が見えてきます。

類似・差異の視点から問題の発生場所の特徴を見つけ、発生場所とそうでない場所の間にある違い（＝共有されない要素）を探します。問題が発生している部分にだけ関係しているものが原因です。問題の発生している部分と、していない部分を比較することで見えてくるでしょう。

「変化・傾向」は「時間」の視点から、一方、「類似・差異」は「空間」の視点から因果関係を考えるのがポイントです。そして、「異常・集中」は「時間」「空間」のいずれもあります。問題の「異常・集中」と連動し、かつ、時間的に先行することがないか、あるいは問題の異常値・集中値にのみ関連する要素がないかを確認しましょう。問題が通常と違う点において、原因も通常と違うことになっているはずです。

「時間」と「空間」をキーワードにして「なぜ?」を探す

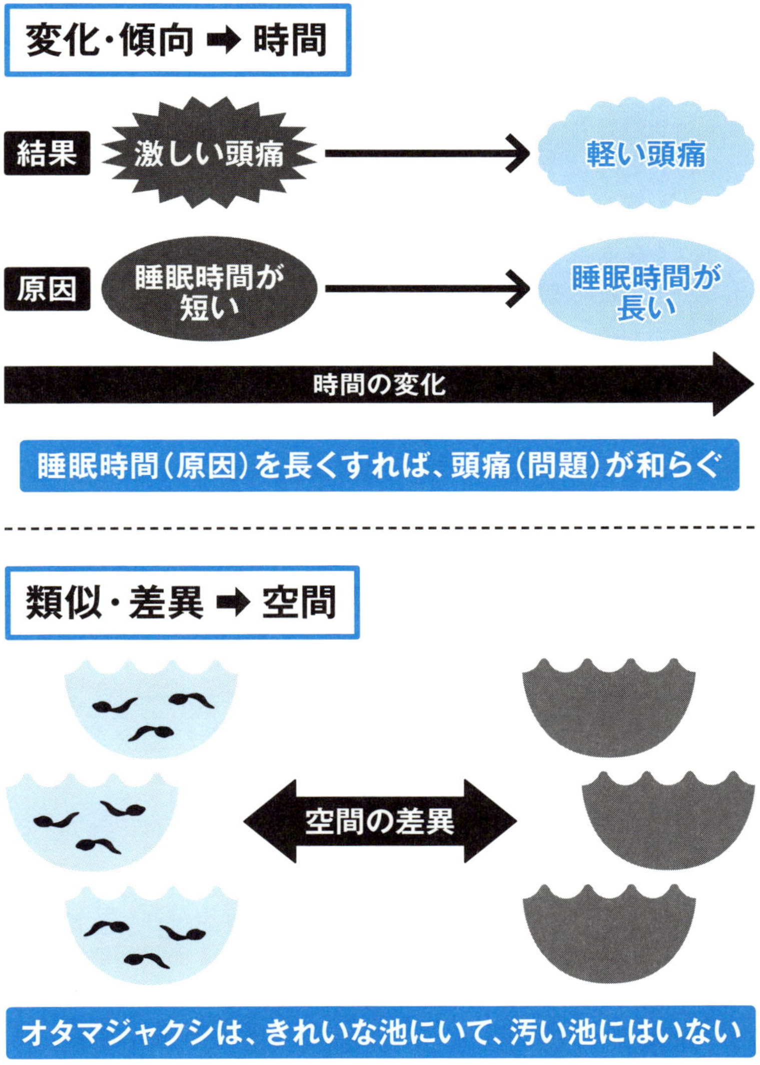

原因分析
05

原因分析の仮説は フレームワークで補強する

「問題箇所を明らかにする『どこ？』の進め方②」（P114）で、「どこ？」は、「仮説パターン」か、「網羅パターン」で進めるという話をしました。「なぜ？」においても同じことがいえます。また、「網羅的とはいえ、仮説的要素が入るならば、どのように精度高く仮説を生み出すのか」、という疑問が生じたかと思います。ここでは、「どこ？」と「なぜ？」に共通する、仮説の精度を上げる際に利用できるフレームワークを４つ紹介します。

そもそも、仮説は「無」からは生じません。知識や知識化された経験から仮説は生まれます。人間は、頭のなかに格納された「知識や知識化された経験」という巨大なデータベースにアクセスし、解答を引き出すことができます。これが仮説の正体です。

そうであれば、知識や知識化された経験を積み上げることが、仮説を精度高く生み出すことにつながります。私たち１人ひとりが、知識や知識化された経験を積み上げていく努力も必要ですが、過去の偉人たちが、**「どこ？」と「なぜ？」を分析する網羅的なモノゴトの分け方を体系化した「フレームワーク」を使う手もあり、より効果的です。**

「当社の商品は、どこが劣っているのか？」（P115）で使った４つの分類は「４Ｐ分析」といわれるフレームワークです。もちろん、フレームワークが絶対に正しい仮説を導いてくれるとは限りませんが、利用する価値は大いにあります。「なぜ？」について活用できるフレームワークのなかでも、私がよく活用している「アリストテレスの原因論」を次項目で紹介します。

仮説の精度を上げるフレームワーク例

3C分析

- 自社(Company)
- 顧客(Customer)
- 競合(Competitor)

4P分析

- 商品(Product)
- 価格(Price)
- 販促(Promotion)
- 流通(Place)

5F分析

- 業者間の敵対関係
- 新規参入業者の脅威
- 代替製品・サービスの脅威
- 売り手の交渉力
- 買い手の交渉力

SWOT分析

- 内部要因の強み(Strengths)
- 内部要因の弱み(Weaknesses)
- 外部要因の機会(Opportunities)
- 外部要因の脅威(Threats)

原因分析 06

原因「なぜ？」の分類

紀元前384年に生まれた古代ギリシアの哲学者、アリストテレスは、存在の原因を４つに分類しました。この考え方は２千年以上経つ現在においても、原因を考える際に参考になる分類です。

- 質料因：原料や素材の存在
  ラーメンがここにあるのは、小麦粉が入手できたから
- 作用因：原動力の存在
  ガードレールが大破しているのは、自動車がぶつかったから
- 目的因：動機の存在
  国際連合があるのは、国際平和を実現するため
- 形相因：概念の存在
  このイスがあるのは、そもそもイスという概念があるため

原因を考える際に、「形相因」というものは扱いにくい考え方です。原因分析で「なぜ？」と問うとき、形相因は、実際には、質料因・作用因・目的因として置き換えられるので、問題解決における原因は形相因を除く３種類と考えていいでしょう。

原因分析では因果関係の連鎖をひも解いていきますが、その原因は３種類の因子が複雑に絡み合っていると考えてみましょう。

問題解決で役立つアリストテレスの学説

問題解決で原因が存在する理由

1　質料因：原料や素材の存在

ラーメンが
ここにあるのは、
小麦粉が入手できたから

2　作用因：原動力の存在

電信柱が
壊れているのは、
車がぶつかったから

3　目的因：動機の存在

国際連合があるのは、
国際平和を実現するため

原因分析 07

仮説を立てて「どこ?」の時間を短縮する

原因分析は、「どこ？」＋「なぜ？」で考えるのが基本です。しかし、「なぜ？」＋「どこ？」の進め方もあります。

「なぜ？」＋「どこ？」の進め方は、まず、原因（なぜ？）への仮説を考えることから始まります。そして、仮説をもとに、その原因から必然的に問題が生じるであろう場所に問題が起きているか、またそれ以外の場所では起きてないかを検証します。**この検証により、原因の仮説が正しいことが同時に検証されることになります。**

たとえば、前述したメール不通の例（P40）でいくと、「どこ？」である【ネット環境】【パソコン本体】【メールソフト】という「物理的な構成要素」から考え始めるのが普通ですが、そういった事例によく直面する人は、「あぁそれだとメールソフトの初期設定のミスだろうな」と経験から考え、「どこ？」である【メールソフト】に焦点をしぼり、初期設定が正しくされている場合とそうでない場合で検証をします。

実はこれが一番効率のいい方法で、ベテランの方や仕事のできる人は、この発想から、高い精度で「どこ？」を当てることができます。つまり、「なぜ？」の仮説が当たるわけです。

しかし、経験が生かせない状況や前提では、思い違いをしてしまうことがあります。メール不通の例でいえば、自社でメールソフトの設定ミスが多いからといって、他社でも同じかといえばそうではないようなことです。

とはいえ、この手法を活用することで、大幅な時間短縮が可能になります。積極的に活用してみてください。

「超」仮説検証の活用

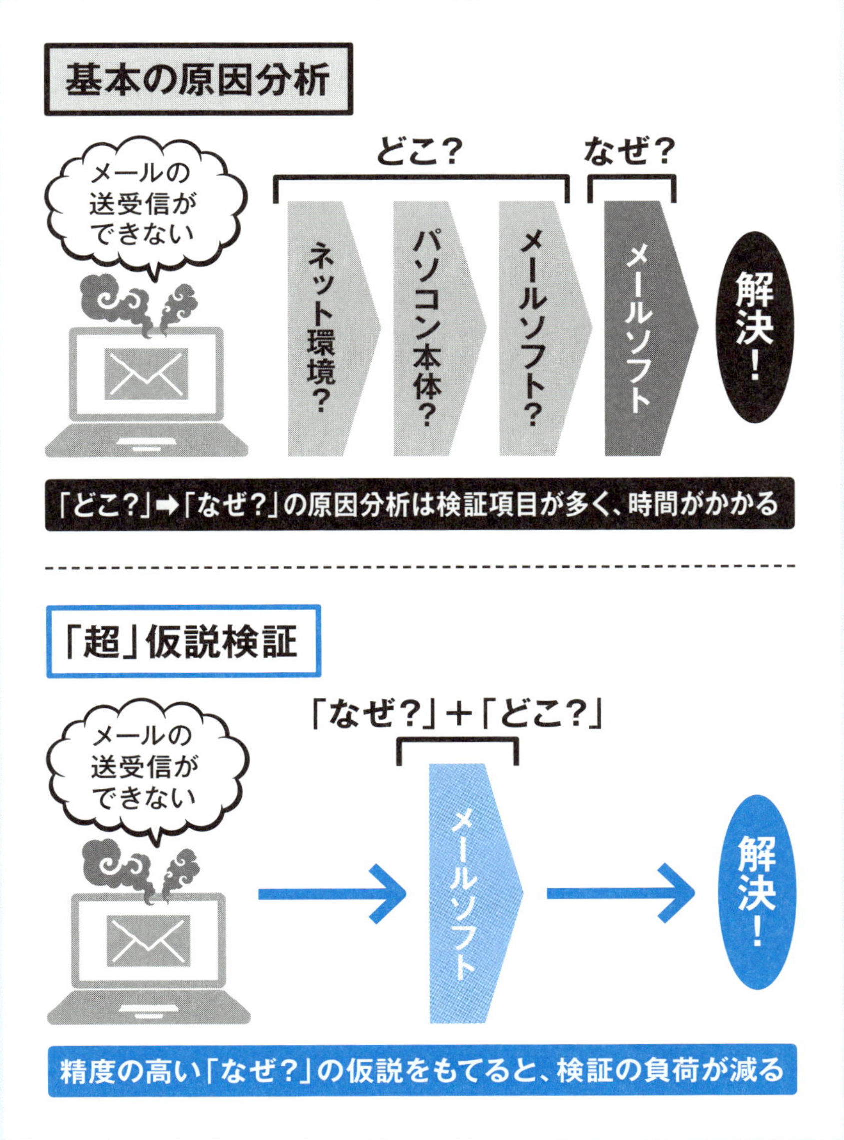
基本の原因分析
メールの送受信ができない
どこ？
なぜ？
ネット環境？
パソコン本体？
メールソフト？
メールソフト
解決！
「どこ？」➡「なぜ？」の原因分析は検証項目が多く、時間がかかる
「超」仮説検証
メールの送受信ができない
「なぜ？」＋「どこ？」
メールソフト
解決！
精度の高い「なぜ？」の仮説をもてると、検証の負荷が減る

原因分析 08

原因を掘り下げるレベルに注意する

原因の掘り下げは、「有効な解決策が見つかるまで」（P38）とお伝えましたが、「どこまでも深堀りをする」という意味ではありません。

一般的に原因とは、そもそも想定外の因子を指します。そもそも想定内のことは、因果関係上の因子であっても、問題の発生原因とはいいません（火事の原因が酸素だというニュースは聞いたことがありません）。想定外の因子を掘り下げていったときに、以下の３つのどれかに問題解決のメンバーが合意するならば、それ以上は掘り下げても意味がありません。

- その状態が当たり前
- そのことは特に問題のないこと
- そんなことを言われても特に理由はない

問題解決のなかで、「業務改善」といわれるものを扱っていると、原因が「役職員のスキルの未熟さ」「意識が低い」「モチベーションが低い」に至ってしまいがちです。しかし多くの場合は、業務改善として実施すべき解決策は、それらよりも前の段階になるので、そこまで掘り下げても意味がありません。

現状のスキルや意識、モチベーションを前提として、それでも原因を絶つことができる仕組みをつくることが、業務改善として現場に課されたミッションです（もちろん、立場によってはスキルや意識、モチベーションのアップを考えることも必要です）。

業務改善の因果関係は業務上でとめる

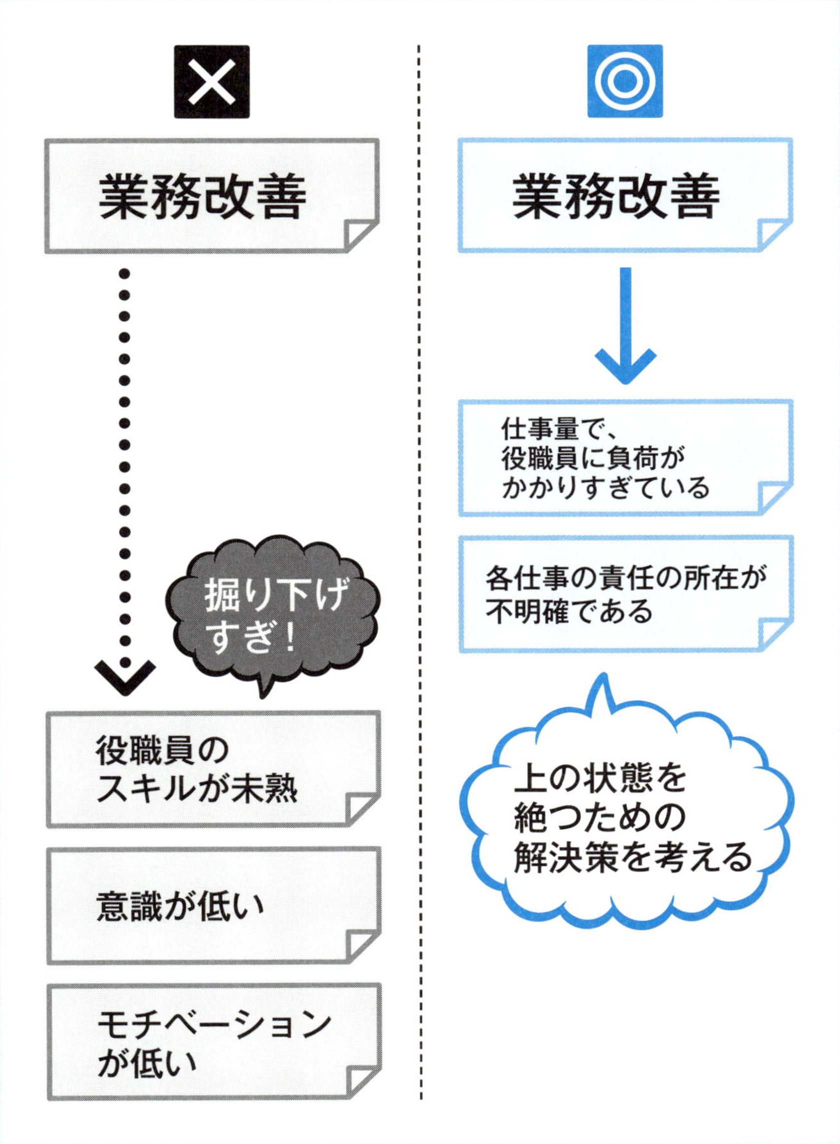

×
業務改善
掘り下げすぎ！
役職員のスキルが未熟
意識が低い
モチベーションが低い
◎
業務改善
仕事量で、役職員に負荷がかかりすぎている
各仕事の責任の所在が不明確である
上の状態を絶つための解決策を考える

原因分析

09

原因を掘り下げるときの枝分かれに注意する

原因分析をする際にふせんを使って問題を書き出していくと、結果と原因が「1：1」ではなく、「1：多」になっていることに気づくことがあります。「1：多」の関係は、2パターン存在していて、仮にその2つを「Orの関係」「Andの関係」と呼ぶと以下のように定義ができます。

- 【Orの関係】：AはBとCのどちらかが発生すると起こる
- 【Andの関係】：AはBとCの両方が発生すると起こる

たとえば、「燃焼」という現象は、右図のように整理できます。

- 【Orの関係】：発火点、もしくは点火源があることで、燃焼が発生する
- 【Andの関係】：上記に加えて酸素と可燃物がそろって初めて燃焼する

また、問題のとらえ方によっては、OrとAndが異なることもあります。

- 電球が消えている→　断線している or 球が切れている
- 電球がつく→　電気が来ている and フィラメントに異常がない

この2つの関係は「因果関係の見極め方」(P170) で詳述します。**「Orの関係」と「Andの関係」の概念は、解決策立案の場所を考える際の重要な情報**になります。また、この2つの存在を知っているだけで、原因分析のときに、何か1つの原因に固執してしまう「思い込み」に囚われるリスクを減らすことができるのです。

原因分析の視野を広げる

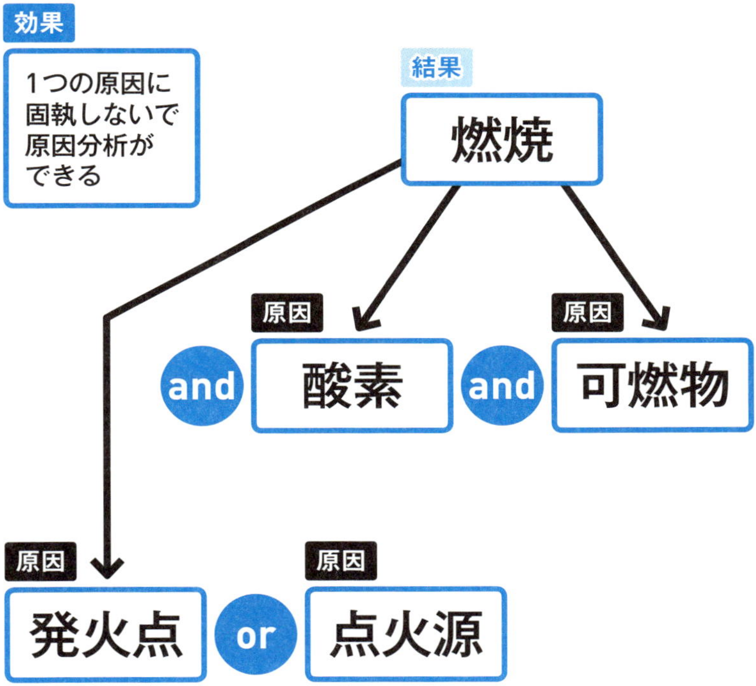

「Orの関係」	燃焼には、 発火点か点火源が必要
「Andの関係」	燃焼には、 発火点か点火源に加えて、 酸素と可燃物が必要

解決策立案
01

解決策はどこに見当をつけるべきか？

「因果関係から原因を掘り下げる」（P38）で、比較的下のレベルの原因に対して対策を検討したほうが問題を解決しやすい、と解説しました。ここでは新たにもうひとつ、解決策をどこに当てるのかについて、重要なポイントを紹介します。それは前述した「Orの関係」と「Andの関係」から考えるということです。

因果関係を「上が結果」、「下が原因」という形で表現した場合、「比較的下のレベルの原因に対して対策を検討する」と解説した部分は「縦における位置」の考え方です。一方、「OrとAndの関係」は「横における位置」の考え方になります。「横における考え方」は以下の通りです。

- 【Orの関係】：頻度・可能性が高いほうの原因を断ち切る解決策を考える
- 【Andの関係】：切りやすいほうの原因を断ち切る解決策を考える

また、原因分析で突きとめた**原因が、外的要因でコントロール不能ならば、「Andの関係」の視点から、他の因子を原因として考え、そこの解決策を考えます。**

たとえば、「顧客が減った」原因として、「住民が減少した」は妥当ですが、企業レベルでは「住民が減少した」ことへの解決策は考えられません。その場合、「Andの関係」で「シェアは不変」や「顧客は（近隣）住民だけ」などの他の要素に（自分たちで解決できる要因）に着目し、そこへの方策を考えることで、より適切な（コントロール可能な）解決策を立案できるでしょう。

解決策は「横の位置」も考える

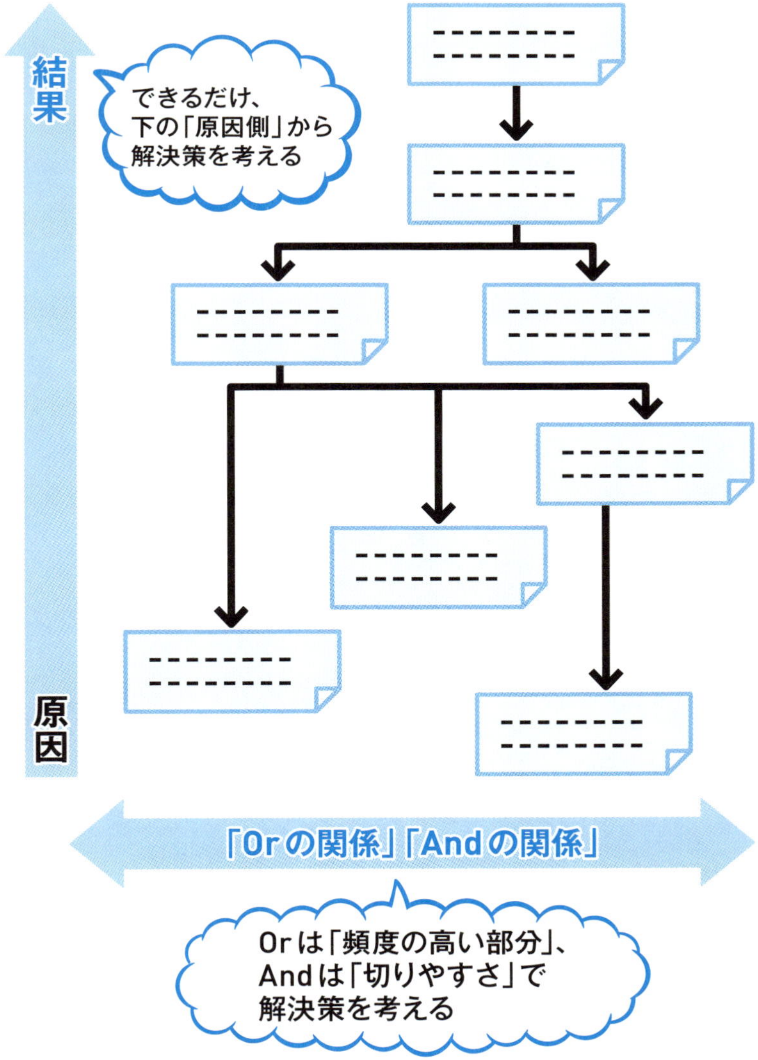
結果
原因
できるだけ、
下の「原因側」から
解決策を考える
「Orの関係」「Andの関係」
Orは「頻度の高い部分」、
Andは「切りやすさ」で
解決策を考える

解決策立案 02

アイデアを出すフレームワーク

「原因分析の仮説はフレームワークで補強する」（P118）のなかでフレームワークの活用について触れました。「オズボーンのチェックリスト」と「SCAMPER」は、アイデアを出す際に有効なフレームワークです。

オズボーンのチェックリスト

1	転用	他の使い道があるか？ 他分野への適用ができるか？
2	応用	似たものはあるか？ 何か他の真似はできるか？
3	変更	意味、働き、音、色、匂い、型、様式は 変えられるか？
4	拡大	より大きく、長く、高く、強く、厚くできるか？ 頻度、頻時間を変えられるか？
5	縮小	より小さく、短く、弱く、軽くできるか？ 分割、省略できるか？　減らせることはできるか？
6	代用	人、物、製法、素材、材料、動力、場所を 代用できるか？
7	再利用	要素、配置、順序、ペース、型、因果を 変えられるか？
8	逆転	反転、順番転、上下転、前後転、左右転、 役割などを転換できるか？
9	結合	合体、ブレンド、ユニット、目的を 組み合わせられるか？

オズボーンにより提唱された「オズボーンのチェックリスト」は、その後、ボブ・イバールにより、「SCAMPER（7つの質問リスト）」というものへ改良されました。
「SCAMPER」とは、質問キーワードの頭文字をまとめたものです。

SCAMPER（7つの質問リスト）

- **S** Substitute　入れ替えはできるか？
- **C** Combine　統合はできるか？
- **A** Adapt　応用はできるか？
- **M** Modify　修正、拡大などはできるか？
- **P** Put to other uses　使い道は変更できるか？
- **E** Eliminate　取り除くことができるか？
- **R** Rearrange/Reverse　並び替えたり、逆転したりできるか？

解決策立案 03

アイデアの現実性を高める

前出のオズボーンのチェックリストとSCAMPERは、想定の枠を超えるアイデアが出ないときや、意外性のあるアイデアを出したいときに役立ちます。

一方で、アイデアの多様性よりも、現実的に「実施できる・する」ことをより強く念頭においてアイデアを出したいときもあるかと思います。その際には、**アイデアを実施する部署（担当者）とアイデアをひも付けながら考えていく**方法があります。

つまり、「部門別に何ができるだろう？　営業部門では？　管理部門では？　システム部門では？」というように、部門別にアイデアを考えていく方法です。

まず、オズボーンのチェックリストやSCAMPERなどでアイデアを出し、その次の段階で各部署にひも付けをし、アイデアが少ない部署のところを集中的に再度出してみる、という進め方もいいでしょう。

上記の組織（部署／担当者）だけでなく、機能、商品なども、ひも付けしながら実施すると、アイデアの現実性が増し、時間の短縮ができたり、落としどころを意識しながら発想を広げたりすることができます。

問題解決は、あくまでも「問題の解決」がゴールです。「ゴール志考」（P16）を忘れず、こういった方法も選択肢の１つとしてもっておきましょう。

解決策実施部署とひも付けながら案出しをする

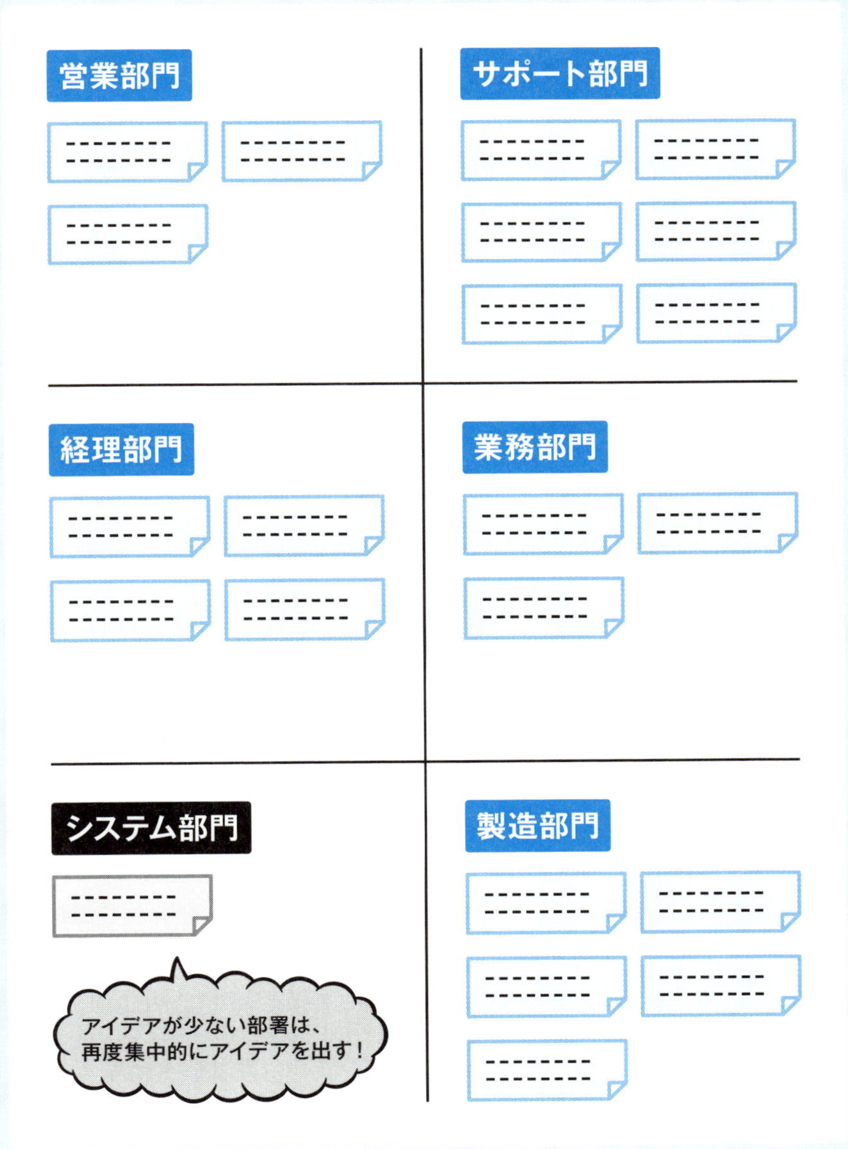

解決策立案 04

業務プロセス上で解決策を出す

オペレーショナルな業務で発生する問題に対しては、「業務改善」の名目で問題解決に取り組むことが多いかと思います。

業務改善では、問題の発生原因が、多くの場合、業務プロセス上にあります。たとえば、このような言葉で表現される事柄です。

「業務が複雑だから…」
「やり方が人によって違うから…」
「時間がかかるから…」

原因が業務プロセス上にあるように、解決策も以下のように業務プロセス上にあります。

- 業務分担を変更する
- 作業の手順を変える、追加する、なくす
- 書類のフォーマットの変更や情報システムを改変する

業務プロセス上の、原因分析・解決策立案で役に立つのが業務フローチャートです。業務フローチャートは業務プロセスを可視化します。口頭、文章では共通理解が困難な業務プロセスを可視化することで共通理解を実現してくれます。**業務フローチャートは業務改善に不可欠なツール**といっても過言ではありません。

業務フローチャートを利用する

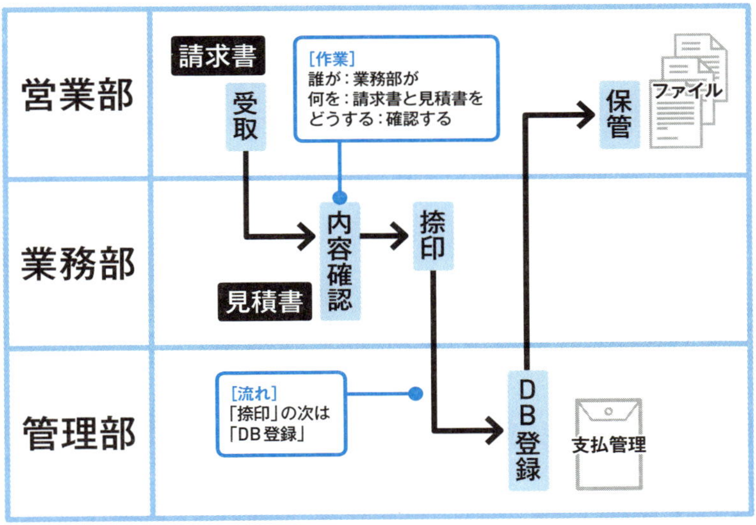

業務は作業のつながり
(＝業務の構成単位は作業)

作業には5W1Hなど
さまざまな要素がある

作業の「要素」と順番の「流れ」を
可視化したものが業務フローチャート

解決策立案 05

フローチャートの種類

前述のとおり、業務フローチャートは業務改善にとても有効なツールですが、その書き方は人によって異なります。ここでは、２つの業務フローチャートを紹介します。

業務フローチャートを、業務の構成「要素」と時系列の「流れ」という２つの視点から見ると、業務フローチャートの種類はさまざまな形態が考えられます。しかし、一般的に使われているものは、大きく２つの系統に分類されます。この２つの違いを明確にしているのが、「流れ」です。

１つ目は、情報システム開発で使われることが多い、BPMN方式に代表される、「作業の流れ」を矢印で結んだフローチャートです。多くの方が見慣れているフローチャートは、こちらになると思います。

２つ目は、産能大式と呼ばれるものに代表される、「書類の流れ」を線で結んだフローチャートです。これは、書類の流れを確認するのに適しています。

一般の業務に従事している現場の方は、**作業の流れがわかる「BPMN方式」**を使う傾向が強く、監査や審査の方は、**書類の流れがわかる「産能大式」**を好む傾向があります。

しかし、実際にはどちらの手法でも、「ごちゃごちゃして見づらい」「作成も手間だが、修正はもっと手間」などの問題が起きてしまいます。その原因と対策を次項以降で解説します。

2種類のフローチャート

1 作業の流れ

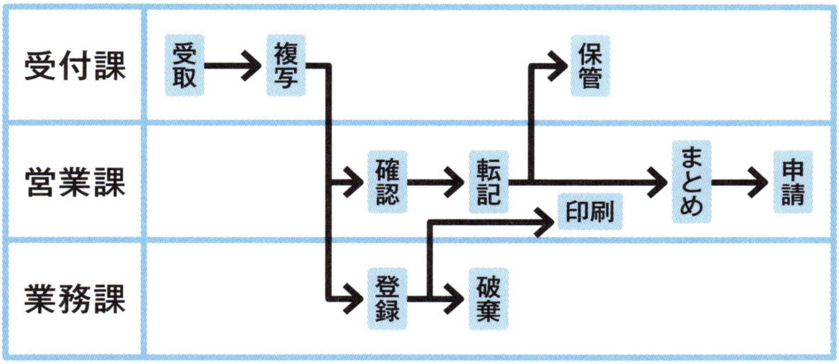

BPMN方式、日本能率協会プロセスチャートなど

---

2 書類の流れ

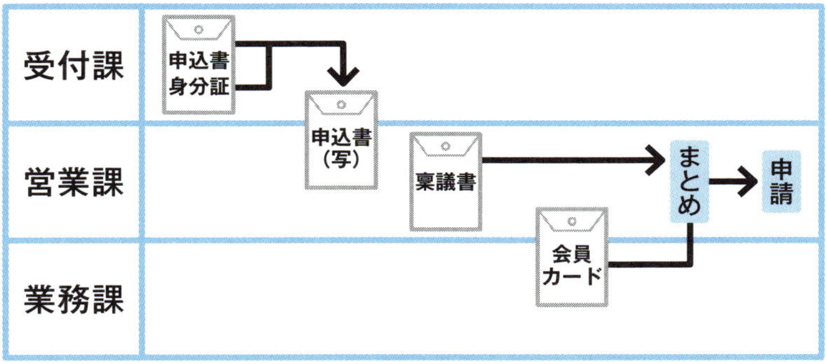

産能大式事務工程分析図表など

解決策立案 06

従来のフローチャートの問題点

フローチャート作成では、大きく4つの問題点が生じます。

①業務のバリエーションに対応しきれない

フローチャートは、業務の数あるバリエーションをどれほど忠実に表現できるかが最重要事項です。多様で複雑な現実を、表現し、可視化するからこそ、原因分析・解決策立案のポイントが明確になります。しかし、フローチャートでは、「ごちゃごちゃして見にくくなる」、「1枚の紙に収まらない」といった理由から「頻度の低い・重要でない場合は省略」になってしまいがちで、業務を大まかに理解することしかできません。

②ドキュメント類の網羅性が低い

同様の理由で、フローチャートでは、「頻度の低い書類」「重要でない書類やデータベース」などは省略になってしまいがちです。しかし、これでは現実の姿はつかめません

③メンテナンスに手間がかかる

業務プロセスは絶えず変化するので、フローチャートも更新が必要です。しかし、作成にも修正にも手間がかかってしまい、更新がされないままになりがちです。その結果、フローチャートの実用性が下がってしまいます。多くのフローチャートは、主に描画機能のソフトウェアで作成されていて、少し直すだけでも、かなり時間がかかることが、手間の原因です。

④転用が他の用途にできない

フローチャートは、作成したときの目的以外では「必要な情報がない」として再利用・転用がしづらいものです。目的が違えば、必要とされる情報が異なり、ISO対応に作成したフローチャートが、情報システム設計時の資料として役立たないなどが頻繁に起こります。

4つの問題点

1 すべてのバリエーションを
書けない

2 すべてのドキュメントを
盛り込めない

3 作成も修正も大変である
➡人によって作業粒度、
書き方がばらつく
➡書くためのスキル、
手間が必要である

4 他の用途に転用できない

解決策立案 07

問題点を克服したフローチャート

株式会社プロセス・ラボが独自に開発した**「プロラボ・メソッド」によるフローチャートは、４つの問題点を克服する画期的な手法**です。

業務の構成単位である作業を縦の１列で表現し、作業の構成要素のなかから、「誰が（Who：担当）・何を（What：媒体）・どうした（How：作用）」を定義しています。３つの要素で定義された作業は、「作業名」で表現され、それは「流れ」を表現するのに利用されます。

横で見てみると、上に大きな作業の流れがあり、下に担当、かかわる媒体が並んでいます。どのタイミングで誰が何をするか、一目瞭然です。

従来、描画であったフローチャートを表計算のスタイルで表現したため、バリエーション、ドキュメント、メンテナンスにおいて従来とは違う自由度の高いフローチャートになっています。

「担当を追加したい」「必要な書類が増えた」ときなどは、１行追加すればすぐに修正可能です。

業務改善自体での活用はもちろん、業務マニュアルと連携させることで、継続的な業務品質の維持、引継ぎ時間の削減などさまざまな目的に利用ができる、活用範囲の広い手法です。

「プロラボ・メソッド」によるフローチャート

4つの問題を克服したフローチャート

時間 フロー	日 曜	6 月	7 火	8 水	9 木	10 金
作業フロー		作業❶→	作業❷→	作業❸→	作業❹→	作業❺
担当者	松浦					●
	中村			●	●	
	岩﨑	●	●			
情報アウトインフロー			⬆郵送	⬇郵送		
情報	申込書	記入	発送	受領		参照
	顔写真	受取	発送	受領	照合	
	Web				照合	
	データベース					入力

問題❶ すべてのバリエーションを書けない

➡作業フローが担当者の枠と分離されているので、
作業フローにすべてのバリエーションを書き込むことができる

問題❷ すべてのドキュメントを書けない

➡表計算のスタイルなので、自由度が高い

問題❸ 作成・修正が大変である

➡表計算のスタイルなので、「行」「列」の追加・削除が容易

問題❹ 他の用途に転用できない

➡すべてのバリエーション、ドキュメントを網羅しているので
情報が豊富

解決策評価 01

評価視点が3つ以上のときは点数合計

評価の視点を２つにしぼりきれない場合は、表を利用して評価の可視化をするといいでしょう。

右図のように、３つの案に対して、３つの評価の視点がある場合は、それぞれの視点から点数を与えます。評価のための視点には、マイナス（デメリット）のものがあっても構いません。

３つの視点のそれぞれの点数の満点は、３点〜10点程度が妥当です。

それぞれの視点の点数は、統合（合計）することで最終的な比較が可能になります。**統合の際には、各視点の点数の単純合算でもいいでしょうし、項目によって重要度が異なる場合にはウェート付けするのもいいでしょう。**

ウェート付けするには、「１ポイントの利益は何ポイントの反響と価値が等しいのか」のように考えて、ウェート付けのレートを確定します。

他にも、下記のような考え方を同時に導入することができます。

- 足きり：最低限の点数を決め、これを超えないと選択肢にしない
- 頭打ち：「多ければいい」ではなく、これ以上増えても意味がないとする
- 指数・対数型：量の増加と効能の増加が単純な比例関係にはなく、点数がだんだん増えたり、減ったりするタイプ

「＋α」を使って評価を微調整する

	効率改善	成功確度	見た目	投資額	総合点数
A案	3点	2点	2点	3点	10点
B案	2点	3点	1点	4点	10点
C案	4点	3点	4点	2点	13点

＋α：ウェート付け
重要なので2倍

＋α：指数・対数型
確度が高いほどさらにいいので2乗

＋α：頭打ち
3点以上は等しく扱う

＋α：足きり
2点以下は選択肢として不適

	効率改善	成功確度	見た目	投資額	総合点数
A案	6点	4点	2点	3点	15点
B案	4点	9点	1点	4点	18点
C案	8点	9点	3点	×	➡20点

解決策評価 02

評価視点の要素を分解する

視点のなかで抽象度の高いものがあった場合、より具体的でわかりやすい構成要素に分けることで評価をしやすくする方法があります。

たとえば、「快適さはどのくらいか？」といわれてピンとこない場合、快適さを「室温／湿度／明るさ／香り」の要素に分解すれば、各要素がわかりやすいので、その統合された抽象度の高い「快適さ」もわかりやすくなります。
「快適さ×維持コスト」で最終評価をしたい場合、最初に、快適さを要素分解して評価をします。それから、「解決さ×維持コスト」で評価をします。こうして段階的な評価をすれば、抽象度の高い評価視点も含めて納得感の高い最終評価を下せます。

多段階の評価は、抽象度の高い視点を扱えるだけではなく、複数の評価視点を取り入れることができて便利です。しかし、多すぎる評価視点を入れると、評価結果の差がつきづらくなり、判断できなくなってしまうこともあるので、バランスには注意が必要です。

要素分解は、最終評価の前におこなう

最終評価が「快適さ×維持コスト」の場合

1 「快適さ」を要素分解して評価する

	室温	湿度	明るさ	香り	合計
A案	3	2	2	2	9点
B案	2	1	1	2	6点
C案	1	3	2	1	7点

2 「快適さ×維持コスト」の2軸で最終評価

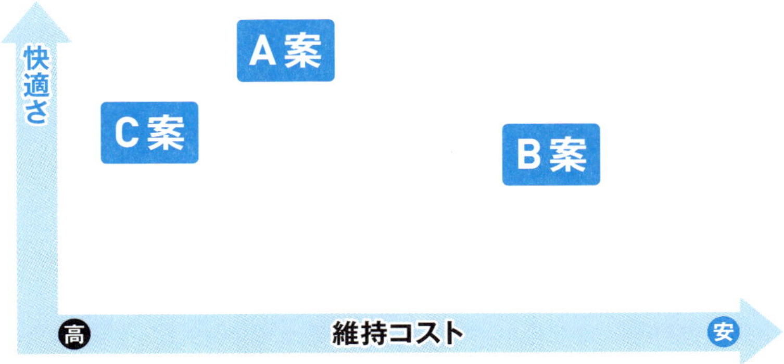

解決策評価
03

解決策の数は1つとは限らない

実行に移す解決策は１つだけとは限らず、２つ以上でも構いません。

ただし、その際にも、「効能÷経営資源（資源効率）」が悪くならないように注意する必要があります。効能が「１」の解決策Ａと、「２」の解決策Ｂの２つがあった場合、ＡとＢの両方を実施すると、効能は１＋２＝３とはならずに、３以下になることがあります。

また、効能が未知数の解決策を複数同時に実施すると、どの解決策がどれほど効いていたのかがわからなくなります。特に繰り返されるオペレーショナルな仕事においては、このような、「何がどれほど効くかわからないけど、一通りの解決策を実行する」ということでは資源（コスト）を浪費してしまいます。

そのような場合、できれば確度の高いものから１つずつ試していき、それぞれの解決策の効き目をはかっておくといいでしょう。

ただ、「救急で人命にかかわる場合」などには、どの処置の効き目があるのかを順番で試している猶予はありません。そのような場合には効果的と思われる方法を優先的にやってみるしか選択肢はありませんが、**「緊急でない・取り返しがつく」という事態であれば、順番に処置を試していく**のが、今後の知見につながります。

複数実行のときは、「効能÷経営資源」に注意！

注意点 1 「1+2<3」になっていないか確認する

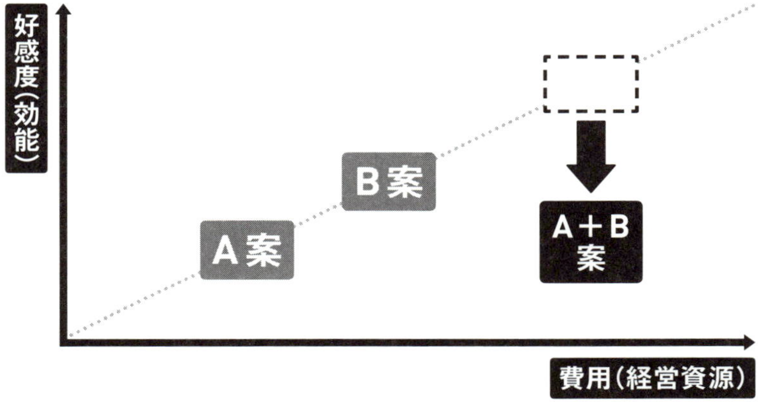

注意点 2 複数の解決策を実行すると、何が効いたかわからず、ムダが生じる可能性もある

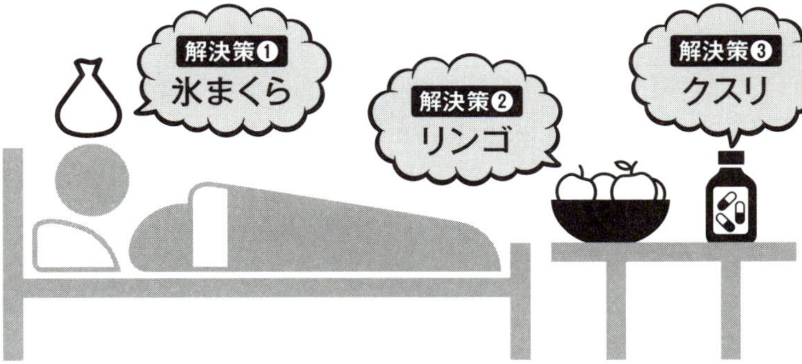

熱が下がったとき、どれが一番効いたかよくわからない

解決策評価 04

より「結果側」の問題の解決を考える

解決策は、経営資源を必要とします。投下すべき資源がある程度明確になったら、「この資源なら、もう少し上位の問題を課題として設定できなかっただろうか」と考えてみることも、時には必要です。

たとえば、次のことを想像してみてください。

あなたは、貯金を増やすために節約をしようと決めました。「生活費を毎月２万円節約する」というゴールを設定し、そこへの解決策を「スーパーの安売り情報をWEBでチェック」「必要なものがリサイクルショップに売っていないかを探す」などと考えたとします。しかし、その資源（時間）があれば、節約のもう１つ上にある問題「貯金を増やす」ということが、「パートをする」などで解決するかもしれない…、とこのようにさらに上のレベルを考えてみることが「もう少し上位の問題を課題として設定する」ことです。

これは、「念のため考えてみる」程度のことなので、「定量化をして…」など細かくプロセスを経る必要はありません。しかし、こういった考えを常にもっておくことで、**より効果性の高い解決策が見いだせることがあるので、「もう少し上位の問題を課題として設定する」習慣づけをおすすめします。**

リソースを最大限に活用する方法を検討する

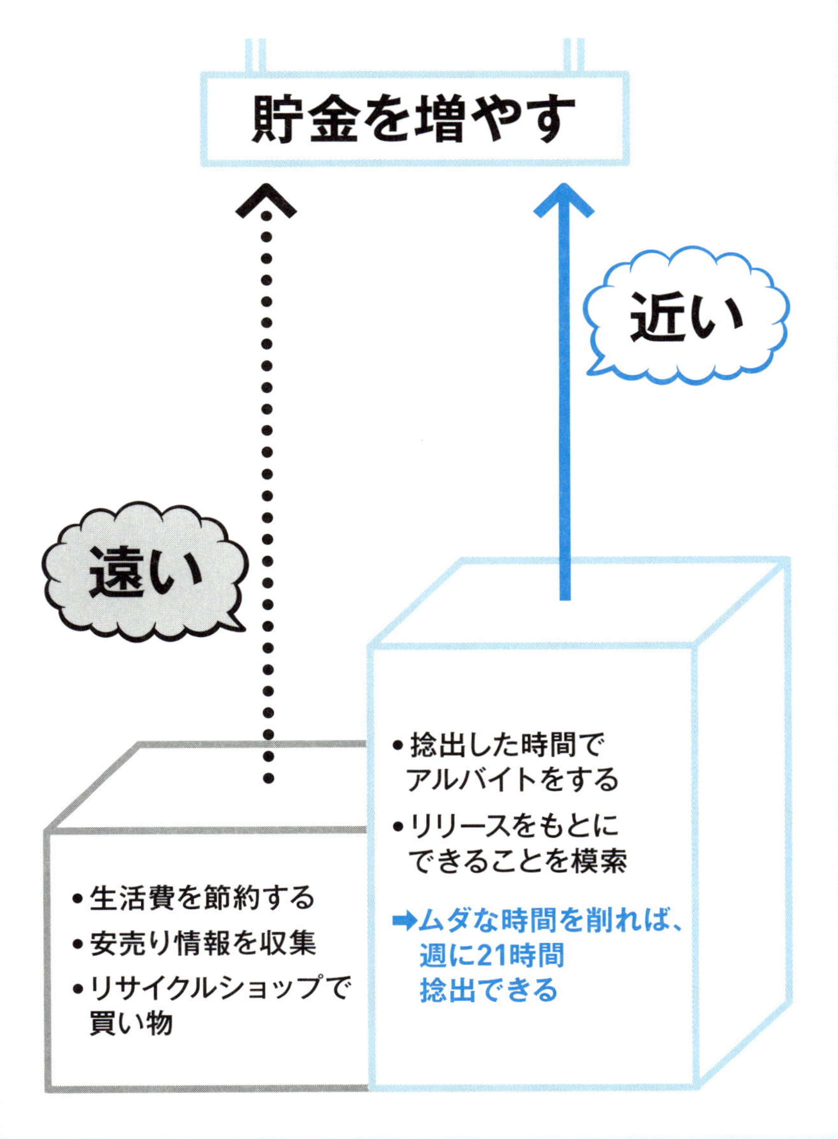

解決策評価 05

「顧客＋関係者」の視点で評価する

解決策の評価が終わり、実行すべき策が決まったら、最後にもう一度、簡単でいいので「顧客＋関係者」の視点で評価をしましょう。

問題解決をチームで進めていると、チームメンバー以外の顔を忘れて内向きな思考になりがちです。さらに、建前的になってしまうこともあります。

その解決案から、顧客はどのような影響をうけるのか、本当に顧客にとって改善となるのか、冷静に顧客視点で評価し直しましょう。

社内では、チームメンバー以外に問題解決の鍵を握る関係者（たとえば決裁権限をもつ担当役員や関係する部門の方々など）にとって、その問題は本当に解決したい問題か、その解決策は個人的にも同意できるものか、客観的な視点で評価しましょう。

実行の原動力につながっているかどうかも、ゴールの「問題解決」に向けて、非常に重要です。解決策立案までは、いわば机上の空論。何とでも言うことができます。重要なのは、それが実行につながるかどうか、問題が解決できるかどうかということです。

たとえば、「退職間近の社員が、本気で解決したいと思っているのか」、もしそうでないなら、「どうすれば、実行の原動力を与えられるか」を、新たな問題解決として考える必要があります。

関係者だけだと、「内向き＋建前的」になりがち

× プロジェクト関係者だけの視点になってはいけない

これでいいでしょうか？
大丈夫だよ！これしかないでしょ！

◎ 「顧客＋（社内の他の）関係者」の視点も再考察する

他部門の方々はどう思うでしょうか？
お客様がどう思われるかも考えよう！

解決策評価 06

失敗する理由を考える

解決策の評価が終わり、実行すべき策が決まったら、加えて、「失敗する理由」も検討するといいでしょう。

問題解決を**チームで進めていると、その疲れや、頭を使った充実感から、つい楽観的になりがち**です。特に解決策評価のステップでは、仮に評価にいまひとつのものがあったとしても、自分たちで考え尽くした過程が頭をよぎり、悪い評価をつけづらくなります。

以上のことを踏まえ、意識的に批判的な視点にたち、この解決案が失敗するとしたらどんなときか、どんな可能性によるのかを、冷静に検討しましょう。

検討によって、失敗の可能性が濃厚になれば、再度、解決策の再評価をするか、場合によっては「解決策立案」など、前のステップに戻します。この判断は非常に難しく、今までやってきたプロセスをやり直すことになるので、決断には勇気が必要です。

しかし、「『ベストな解決策』よりも『確実な実行』」（P17）でお伝えした通り、あくまでもゴールは「問題の解決」です。メンバーから非難の声が出たとしても、**問題の解決に向けて本当に必要だと思ったのであれば、勇気をもってステップを戻りましょう。**メンバーも、後になってあなたの勇断に感謝するはずです。

今までの努力をムダにしないための大切な確認

「失敗する理由」がないか再確認する

確実な実行 01

実行計画のポイント

これまでは、問題解決のプロセスにそって、応用となるポイントを説明しました。**ここからは、問題解決をより確実にするための「プロセスを実行するポイント」を「計画・実行・評価」の３ステップで解説します。**

実行計画を立てる際のポイントは、「タスクの具体化」と「段階的な計画化」の２つです。実行を確実にするために、自身やメンバーがおこなう作業の明確化が、「タスクの具体化」です。ある目的を実現するために、「誰が」「何を」「いつまでに」という具体的な行動レベルを決めていきます。実際の場面でよく起こるのは、「誰が」が不明のまま進んでしまい、それに気づいた人、やらざるをえない人が実行を担当させられてしまうケースです。

すると、実行担当者に不満がたまるだけではなく、やっつけ仕事になったり、きちんと完遂されたりしない状況になりかねません。したがって、「誰が」「何を」「いつまでに」は、事前に確実に決めておきましょう。

また計画を立てる際、遠い未来は不確定要素が多いので、ある程度ラフな計画に留めておくことも重要です。それが「段階的な計画化」です。具体的には、「①今週／②来週～１ヶ月／③１ヶ月以降」程度の３段階に分けおくといいでしょう。「問題解決の実行」自体にも、問題が多々起こります。その都度、計画を書き直すのでは手間がかかり過ぎるので、**近い未来は細かく丁寧に、遠い未来はラフでゆるやかに決めておくと、費やす手間も最小限になり、より効率的**に進められます。

タスクを具体化し、計画は段階的に立てる

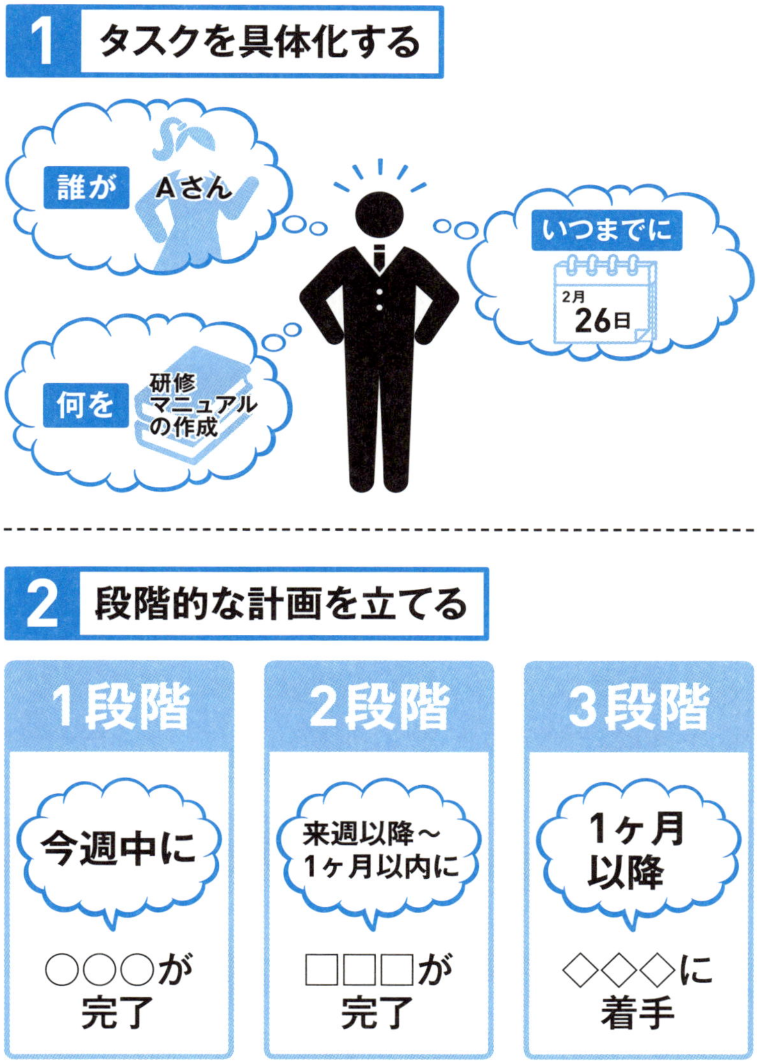

確実な実行 02

実行のポイント

プロジェクトの実行のステップではモニタリング（進捗管理）とトラブルシューティング（問題解決）が必要です。モニタリングとは計画に照らし合わせて現状を把握することで、トラブルシューティングとは計画と現状の違いに対応することです（解決策実行のなかで、さらに小さな問題解決を実施すること）。

この進捗管理に力を発揮するのが、「定量化」と「可視化」です。定量化は数値で表現することで、可視化は図やグラフなどで視覚的に理解できるようにすることです。複数の人たちで何かモノゴトを進めるときにはどちらも非常に重要な考え方です。

たとえば、計画の進捗を確認する際には、「順調です」「少し手こずっています」といったあいまいな表現ではなく、「計画より１日早いです」「３つのうち、２つのタスクで、２日以上の遅れが出ています」といった表現が必要で、そしてそれが誰の目にも見てすぐにわかるようになっていることが大切です。そのために、「可視化」した棒グラフやガントチャートなどを共通ツールとして使うといいでしょう。

また、進捗確認をする報告会は定期的に開催しましょう。どの段階で何が起こるかは、誰にもわかりません。計画の期間中は、定期的に報告会の予定を設定し、**常に状況確認できるようにしておくと、遅れが出ても最小限で済みます。**

また、各マイルストンで飲み会などを設定し、かかわるメンバーの気持ちを労《ねぎら》うことも大切です。息の長いものになればなるほど、息抜きやそこまでの労いが、後の行動の原動力につながります。

情報は、何でも可視化し、共有する

確実な実行 03

最終評価のポイント

プロジェクトの**最後は、必ず「評価」**のステップです。

問題解決の実行策として計画されたタスクがすべて完了したかだけではなく、タスクの完了によって、当初の目標が達成されたかが最終評価事項になります。業務効率を向上させるために情報システムの入れ替えをしたのであれば、最終評価事項は、「情報システムの入れ替えが完了したか」ではなく、「業務効率が向上したか」です。

最終評価がまずまずであれば、ここで問題解決が無事に完了となります。もし、最終評価がイマイチであれば、これは「問題」として提起され、場合によっては新たな問題解決がスタートすることになります。

最後に評価をする（＝総括をする）癖をつけることは、組織にとって大切なことです。総括をする習慣がない組織は、往々にして「実行力の弱い組織」です。「『ベストな解決策』よりも『確実な実行』」（P17）でお伝えしたように、問題解決はベストな解決策を提示しても、それを確実に実行しなくては成果を享受することはできません。そして、評価は、確実な実行の原動力となります。

組織のメンバーが、タスクの完了や問題解決の成果にコミットするためには、「評価を欠かさないこと」が大切です。そして、この評価が可能になるのは、目標が設定されているからです。目標の測定方法、具体的な数値が決まっていなければ、評価は不可能になります。さらに、評価は確実な実行の原動力となるだけではなく、関与するメンバーの達成感につながり、組織への貢献の公正な評価にもつながります。

評価を確実におこなえば、3つのイイコトが起こる

イイコト
確実な実行の
原動力になる

問題の解決

イイコト
関係者の
「達成感」に
つながる

イイコト
関係者の
貢献を公正に
評価できる

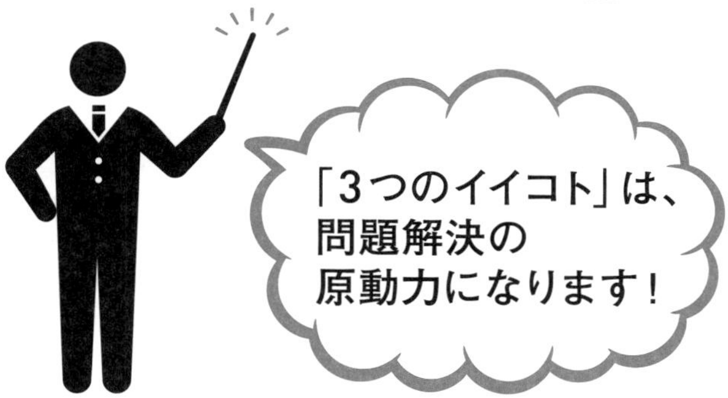
「3つのイイコト」は、
問題解決の
原動力になります！

第2部

問題解決の応用知識

第4章

問題解決で役立つ思考法

論理思考 01

「論理的」とは、「三角形」を上手につくること

問題解決をすすめる上で、論理的であることは必須です。

「論理的」の対義語は「感性的（直感的・情緒的など）」ですが、感性だけで問題解決を進めると、合意を形成することも、モノゴトの仕組みや、メカニズムを理解することも難しいでしょう。論理的な思考があれば、チームのメンバーと筋道を立てながら英知を結集し、問題を解決へと導けます。

「論理的」とは、「筋道が通っている」ということです。では、この筋道とはいったい、どことどこの間の道でしょうか。

右図のように「全体と部分」「結果と原因」「結論と前提」「主張と理由」「抽象と具体」「成果と手順」など、さまざまな種類の「筋道」があります。いずれの場合も、通常は、上側の要素が１つに対して、下側の要素が複数個なので、三角形の形になります。

さらに、論理的にモノゴトを表現するとき、この三角形は複数階層の筋道になっているものです（右図参照）。

この**三角形が上手につくられていないと、筋道が通っていないと感じることになります。**たとえば、「全体」に対して「部分」が不十分であったり、「部分」を「主張」ととらえたりしたとき、その理由が不適切なときなどです。

モノゴトを整理する際、話す際、書く際のすべてにおいてこの三角形をしっかりとつくれると、「あ、なるほど。筋道が通っている！」と自他ともに納得がいきます。

「論理的」であることは、「三角形」を上手につくることなのです。

三角形ができれば、筋道が通る

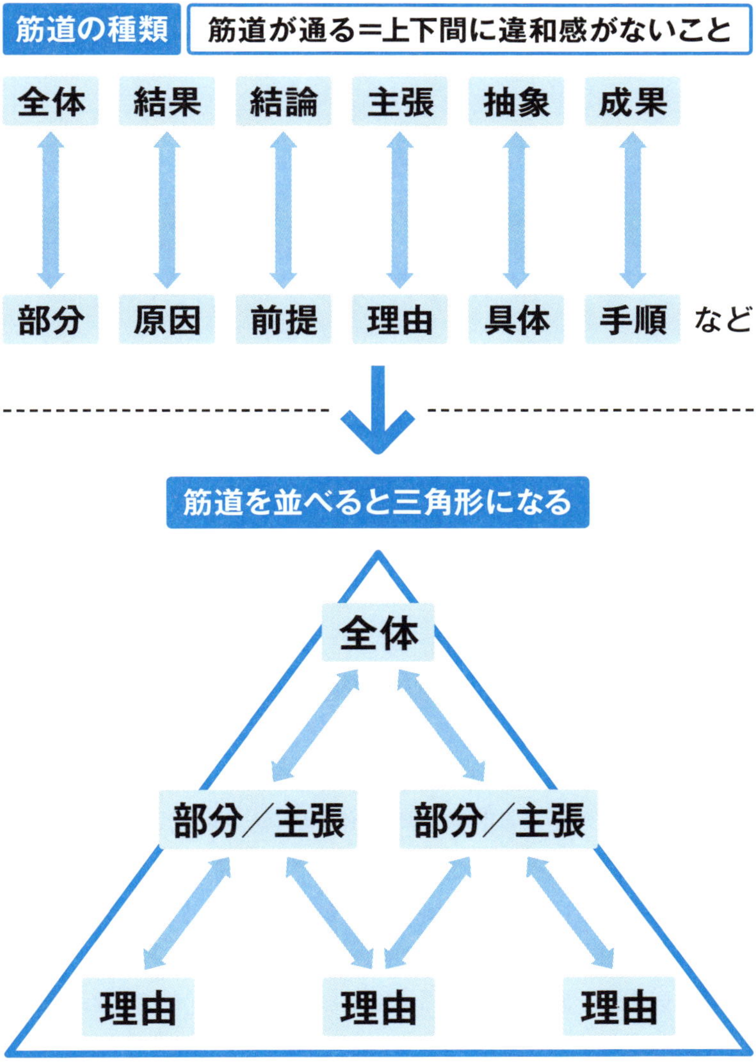

論理思考 02

「結果と原因」「主張と理由」の筋道を通す演繹法

「結果と原因」「結論と前提」「主張と理由」は問題解決における筋道として頻繁に出てくるものです。演《えん》繹《えき》法を理解しておくと、この筋道が通しやすくなり、各ステップにおける議論がより的確にできるでしょう。

演繹法とは、「複数の事象から必然的な結論を導き出す」という手法です。もっともシンプルなものは右図にあるような「三段論法」と呼ばれるものです。

演繹法を意識して使えば、問題解決の論理性が高まります。意識するポイントは、「必然的な結論」になっているかどうかです。

- 「今日は午後から雨が降る」＋「今日は午後から外出だ」
  ➡「午前中に傘を買わないといけない」

この例は、「必然的な結論」になっていません。すでに傘をもっていればあえて買う必要がないからです。

次の例についてはどうでしょうか。

- 「今日は午後から雨が降る」＋「今日は午後から外出だ」
  ➡「外出時には傘をもたないといけない」

こちらは、「必然的な結論」といえます。「雨のなかを歩くのに傘をささなくてもいいじゃないか！」や「外出が午前中なら傘は不要だ！」などと結論の必然性を疑うこともできますが、それらの考え方は、不自然です。

演繹法のポイントは「必然的な結論」であるかどうかですが、「普通に考えれば当たり前」という前提にまで触れると、とてもまわりくどい表現になってしまいます。時と場合、話す相手に応じて、どこまでを前提として共有するか判断しましょう。

演繹法は「必然的な結論」を導きだす

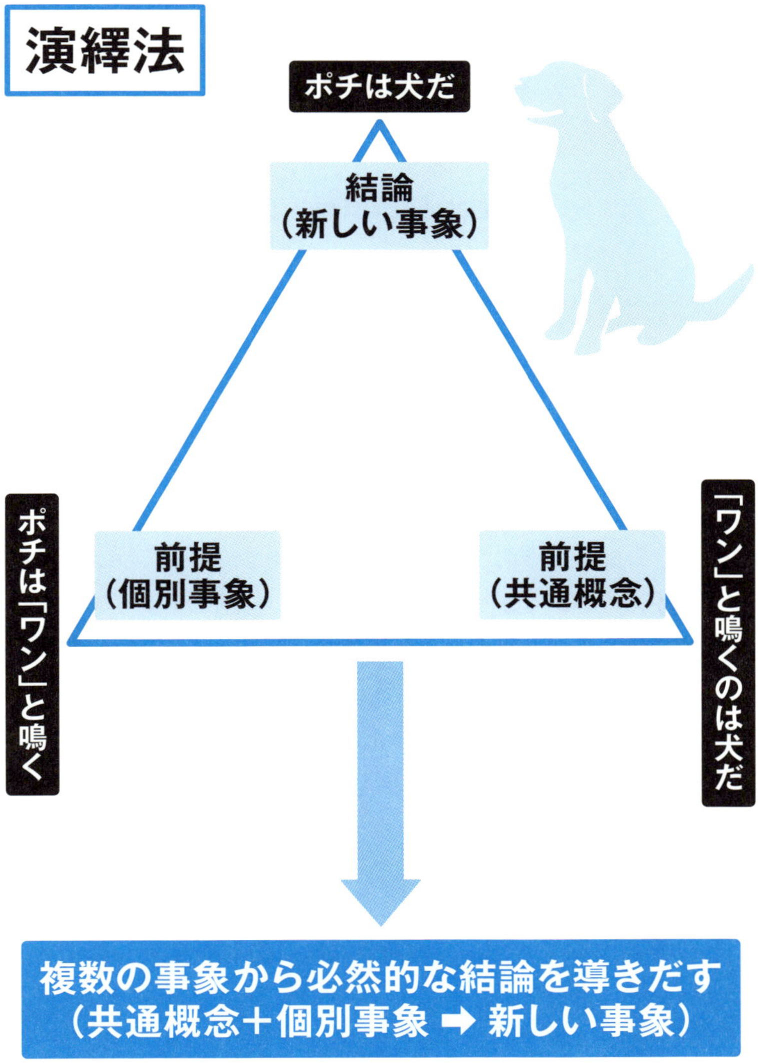
演繹法
ポチは犬だ
結論
（新しい事象）
ポチは「ワン」と鳴く
前提
（個別事象）
前提
（共通概念）
「ワン」と鳴くのは犬だ
複数の事象から必然的な結論を導きだす
（共通概念＋個別事象 ➡ 新しい事象）

論理思考 03

「抽象」と「具体」の筋道を通す帰納法

帰《き》納《のう》法も演繹法と並んで、問題解決に欠かせない思考法です。

帰納法は、個別の事象から共通概念（抽象化された事象）を導き出す手法です。その意味では、帰納法の三角形は「抽象」と「具体」の筋道を構成しているともいえます。帰納法で注意すべき点は、２つです。

- 三角形の頂点にくる共通概念が１つとは限らない
- 不十分な例示（サンプル）から共通概念を導き出すことは危うい

右図の例であれば、「猫」以外にも共通概念はありえます。仮に「しっぽがある動物は『ニャン』と鳴く」といっても３つの例示だけからならば妥当性があります。

しかし、ご存知のように、しっぽがある動物でも犬は「ワン」と鳴くので、本当は妥当性がありません。このように、帰納法を使うときには、共通概念を導き出すのに、不十分なサンプルから安易に考えてしまわないように注意する必要があります。

また、前出の演繹法の例にあった共通概念である「『ワン』と鳴くのは犬だ」は、長い歴史のなかでさまざまな事例に基づき、帰納法で得られたものと理解できます。つまり、**帰納法で得られた共通概念は、演繹法において前提として重要な役割を果たすということを覚えておきましょう。**

帰納法の結論は「抽象化された事象」

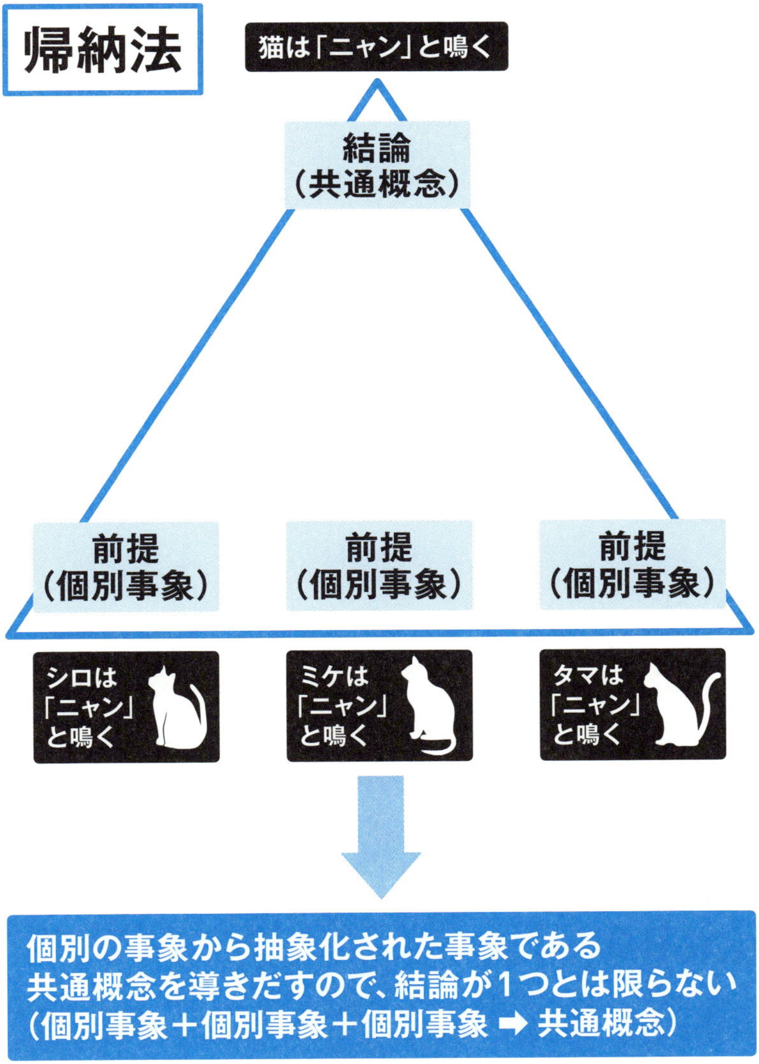
帰納法
猫は「ニャン」と鳴く
結論
（共通概念）
前提
（個別事象）
前提
（個別事象）
前提
（個別事象）
シロは
「ニャン」
と鳴く
ミケは
「ニャン」
と鳴く
タマは
「ニャン」
と鳴く
個別の事象から抽象化された事象である
共通概念を導きだすので、結論が1つとは限らない
（個別事象＋個別事象＋個別事象 ➡ 共通概念）

因果関係
01

問題解決と因果関係

「原因と結果」の関係が因果関係です。問題解決で、因果関係は以下のように頻出します。

- 問題確認：問題の全体像をつかむときに問題間の因果関係を整理する
- 原因分析：課題の発生原因を、因果関係を掘り下げながら探る
- 解決策立案：原因の因果関係を断ち切る方法を考える

「因果関係は演繹法で成立しています」、といわれると意外に感じる方もいるかもしれませんが、**因果関係は右図のように、因果律という共通概念で、原因を結果へと結び付けています。**

因果律が当たり前（周知）であれば、その説明は不要ですが、そうでなければ、因果律を、帰納法によって説明するか、さらに当たり前（周知）である共通概念を使って演繹的に説明する必要があります。

「因果関係がある」というには、以下の３つを確認する必要があります。

①原因と結果の関係は「常に共変するか」。あるときは共変するが、常に共変するわけではない、ならば因果関係を疑う必要がある。

②原因と結果の関係において、「発生する順番が逆でないか」。当たり前だが、原因は常に結果に先行する。共変したとしても、この関係が逆でないかを確認する必要がある。

③原因と結果の２つには、「共通する別の原因がないか」。つまり、「第三因子が隠れていないか」を確認する必要がある。

なお、右図の「猫が顔を洗うと雨が降る」は、空気中の水蒸気が増えてきたという、③の第三因子が共通の原因になっているので、因果律自体が間違えており、結果を逆転したものなので、正しいといえません。

因果関係は演繹法で成立している

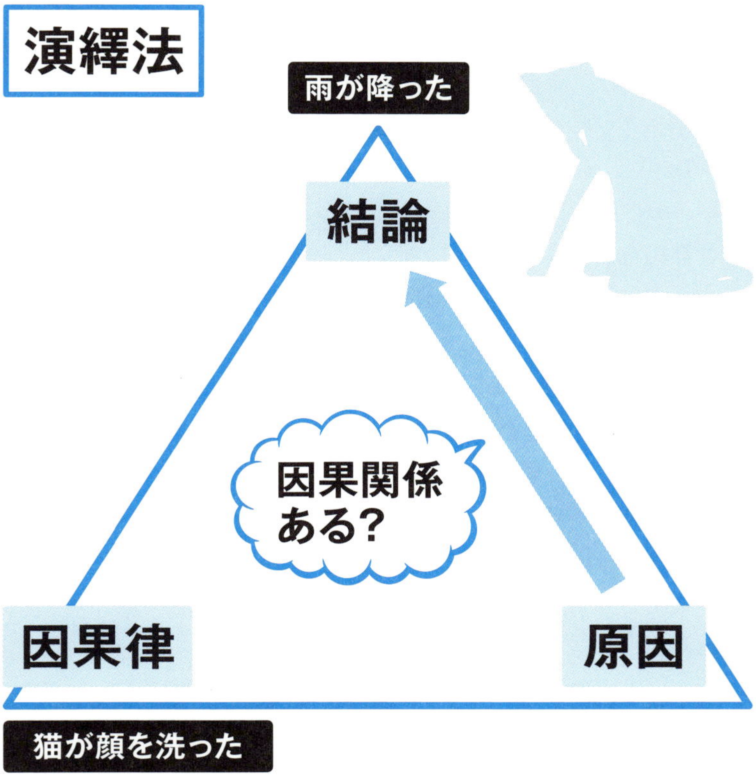

❶常にともに変わるか?
➡猫が顔を洗うと
常に雨が降る?

❷順番が逆ではないか?
➡雨が降ったから猫が
顔を洗ったのではないか?

❸第三因子の有無?
➡雨は空気中の水蒸気が
原因?

因果律(猫が顔を洗ったから雨が降った)が、本当に存在するのか確認するために、3つの視点で考える

因果関係 02

因果関係の見極め方

因果関係というと「風が吹けば桶屋が儲かる」を思い出す人も多いでしょう。「風が吹く→桶屋が儲かる」の間には、多くの因果関係がはさまれていますが、その内容については意外と知られていません。みなさんは、どこまでご存知でしょうか（右図参照）。

「風が吹けば桶屋が儲かる」の因果関係の数の多さは横におくとして、注目すべきは「風が吹く」から「桶屋が儲かる」までの因果関係が１本の線のように表現されている点です。私たちはこのように因果関係を１本でとらえがちですが、実際には、「Orの関係」「Andの関係」（P126）で説明したように、**さまざまな因子のうえに結果が存在**しています。

このように複数の因子のうえに存在する因果関係において、一般には、普段と違う因子だけに着目して原因ととらえることが多いです。

- 溶鉱炉の側で火事が起こったら、原因は、そこに「可燃物があったから」と考えられ、
- ゴミ置き場で火事が起こったら、原因は、そこに「点火源があったから（放火？）」と考えられるでしょう。

ゴミ置き場で火事が起こった際に、原因が「そこに可燃物があったから」というのは、因果関係上の因子として正しくても、原因としては「？」です。

しかし、解決策を考えるときには、当たり前の因子であっても、それを封じることが可能であれば、そこに着目する価値があります。火元への酸素の供給をストップさせることで、火の手があがるのを防ぐ泡消火薬剤の開発は、まさにその事例でしょう（一般的に酸素の存在を火事の原因とはいいません）。

因果関係はさまざまな因子の上に成り立っている

代表例

原因 風が吹けば

土ぼこりが起こり／土ぼこりが目に入って、目を病む人が増える／視力の衰えから三味線で生計を立てるために三味線が売れる／三味線づくりにネコの皮が必要なので、ネコの数が減る／ネコが減ればネズミが増える／ネズミは桶をかじる

結果 桶屋が儲かる

因子の見過ごしを防ぐのに有効なのは「Andの関係」「Orの関係」で考えること

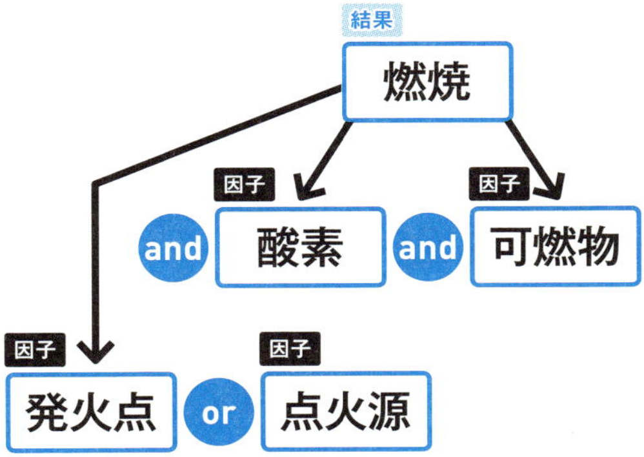

仮説検証思考 01

論理的な仮説検証思考

「仮説は直感的（＝感性的）で論理的でない」というイメージもあるかと思います。しかし、**仮説は使い方次第で、十分「論理的」になりえます。**

「原因分析の仮説はフレームワークで補強する」（P118）で、「そもそも仮説は『無』からは生じません。知識や知識化された経験から仮説は生まれます」と述べました。

知識などから仮説を生み出す際の頭の中身（メカニズム）は、ブラックボックスです。

しかし、ブラックボックスから生まれた仮説を鵜呑みにして、問題解決を進めるわけではありません。仮説の後に、検証をするのです。**仮説に検証がセットとして付いている限り、「仮説」を活用した問題解決は論理的といえます。**

しかし、このような仮説検証のスタイル（仮説検証思考）においては、検証に十分な注意が必要です。検証が仮説を裏付けるための検証だけになりやすく、仮説を覆すための検証（反証）がおこなわれにくくなります。

私たちの脳は都合のいいものを見たがる習性があります。たとえば、過去の冤罪の報道を見ていると、冤罪は検察による調査において、「犯人である理由だけを探し、犯人でない理由を探さない」ことが原因であるように思えます。この点に十分に注意して、仮説と付き合い、問題解決に仮説検証思考を活用してください。

仮説は必ず検証とセットでおこなう

× 仮説の裏づけをするだけの検証

◎ 仮説の裏づけ検証＋仮説を覆す反証

もともとブラックボックスから
生まれたのが仮説。
仮説だけで問題解決を進めることは危険。
??
仮説
??
仮説

おわりに

2015年10月2日、日本実業出版社の岩﨑麻衣氏から、1通のメールが届いた。私が講師を務めている問題解決セミナーの内容を本にしたいというオファーであった。

たいへん光栄なお申し出をいただいたのだが、問題解決の分野にはすでにたくさんの出版物があり、その激戦区に後発で乗り込んでいくことは難しいと感じた。

私は岩﨑氏に辞退の返信を打つ前に、念のため、Amazonで問題解決の代表的な本を検索し、そのレビュー内容に目を通すことにした。レビューには明らかな「サクラ」もあるが、真剣に書き込まれたものが多く、改めて本を選ぶ際には参考になるものだと思った。

そのレビューのなかで私の目を引くものがあった。ベストセラーの本に対して、「この分野では未だ決定的な本がないが、この本はまずまずいい線をいっている」という趣旨の、なんとも上から目線の辛口（？）レビューであった。しかし、レビューの書きっぷりといい、モノゴトを見る視点といい、中身のない単なる大口たたきのレビューとは思えないものであった。

私自身も問題解決の分野の本は相当数読んでいるのだが（ちなみにAmazonの検索では問題解決をテーマにした本が約500冊ヒットした）、良書といえるものは一握りで、それらの良書であっても、その1冊ですべてを網羅した「決定的」な1冊といえるものはないように思えた。

こうして、私は辞退するのではなく、挑戦することを決意した。どこまで目標に近づけるかはわからないが、目標は、「決定的」な１冊を生み出すことである。

決定的とは、まず、問題解決の現場で生じる疑問にできるだけ多く答えていること。続いて、問題解決の現場で使える多くの手法をわかりやすく紹介すること。最後に、問題解決への熱意を熱すぎないモードでちょっとだけ伝播させること。この３つをもって決定的な１冊になると考えた。

私はこの目標に向けて、中村一浩氏を仲間に引き込んだ。

私と中村氏との出会いは、今から２年前にさかのぼる。

中村氏は、当時、（株）リクルートマネジメントソリューションズでの新規事業の立ち上げを終了したばかりで、新たに町おこしのコンサルタントとしてスタートを切るタイミングであった。中村氏の有能さと達観した人生観は、私にとても大きく、いい刺激を与えてくれた。中村氏の仕事に同行した際、人情味と的確さを兼ね備えた仕事ぶりに感銘を受けた。

30歳になる頃まで、私は人との協業が高い価値を生み出すことを心からは信じていなかった。自分の考え方や文章に、横《よこ》槍《やり》や赤ペンが入ることで、仕事のクオリティーが下がると思っていた。まったく生意気な若者であった。しかし、そのような若者にも、お天道様は、幾多の挫折から「自分の無能さ」と、協業の成功体験から「チームの有能さ」を教えてくれたのだった。

私は日本実業出版社に初めて伺う際に、迷わず、中村氏にご同行をお願いした。

本書を書き上げ、あとがきを書く今、改めて中村氏に感謝の気持ちを伝えたい。また、この本は私と中村氏の共著となっているが、私も中村氏も、本書をつくりあげたチームはもっと大きく、２人の力では完成しなかったと思っている。

３人目のメンバーと言っても過言ではないのが、（株）日本実業出版社の岩﨑麻衣氏である。岩﨑氏にも心から感謝を伝えたい。本書は１項目見開きで「文＋図」となっているが、その図の大半は岩﨑氏がドラフトを作成してくれたものだ。文章を整形するという本業における力にも感服したが、問題解決の素人である岩﨑氏が（失礼！）、第三者の目から文章を図にすることを通して、文章の不足部分を幾度となく気づかされ、文章を磨く契機となった。

そして、４人目のメンバーである、図解を含む、本文デザインを担当していただいたクロロスの斎藤充氏にも感謝を伝えたい。ゲラをいただいた際、そのすばらしい出来に、私も中村氏も大いに興奮した。

他にも、書ききれないほど、多くの方のお力添えをいただき、本書が完成した。そして、もちろん、こうして本書を読んでくださっている読者のみなさまには、これ以上ないほど、感謝の気持ちでいっぱいである。

あとがきを書く今、本書が書店に並ぶ時があと１ヶ月後に迫った。

チームで生み出した本書が、目標である「決定的な１冊」になれるのか、その審判がおりる日は近い。

チームとして生み出した本ではあるが、Amazonに辛口レビューがのれば、もちろん、私１人で負うものだと覚悟している。しかし、嬉しいレビューは仲間の数だけ嬉しくなる。

本書を読んでいただいた読者のみなさまには、改めて、お礼を伝えたい。

本を読み終えることは、多大なエネルギーと時間を要する。大切なエネルギーと時間を、本書を信頼し、投下していただいたことに対して本当にありがたく思う。

そして、その信頼に応えることができているのか、あとがきを書く今では、まだ知る術がない。最後まで読み通していただいたあなたに、ぜひ、Amazonはじめ WEBサイトにレビューを記載していただきたい。

何卒よろしくお願いします。

さて…、このあとがきは、もう少し続きます。

タイトルにもあるように、本書は「新人」の方々を主な読者と想定している。これからの社会を担っていく若い方々のヒントになれば…の願いを込めて、社会人25年目の私の「実感」を書かせていただきたい。

私が社会人デビューを果たしてから、今年で25年目になる。毎年、定年が高年齢化しているとはいえ、間違いなく「仕事を通して世の中に貢献できる」時間が半分を切った。

上司や先輩の指導の下、がむしゃらに働いた20代。失敗と成功の中から石垣を一段ずつ積み上げるような生活だった30代。そして今、わが道に迷うことなく、人に対する感謝を忘れなくなった40代が半ばを過ぎた。

仕事の立ち位置も徐々に変化してきた。

問題解決の「見習い」から始まり、やがてその道の「職人」になり、教える側の「教官」へ徐々に軸足を動かしつつある。今はコンサルタントと、企業研修や公開セミナーの講師としての時間が、ほぼ半々である。

私が講師として扱っている分野は企業経営のPCAである。PCAとはPDCAの「D（＝Do）」を除いた３つのことだ。

①：Planである経営戦略の立案
②：Checkである経営のモニタリング
③：Actionである企業における問題解決

今回、執筆の機会をいただき、本書にまとめたのは、この③になる。

この①②③のほかに、それらすべての前提となる、
④：論理的思考力：言葉で考え、伝える力
⑤：会計的思考力：数字で理解し、判断する力
も、講師として扱っている。

「いっぱしの仕事をしたい」と考えるのであれば、いずれの分野も不可欠な要素だ。ビジネスコンサルタントだけができればいいわけではない。単に時間を切り売りする労働者ではなく、仕事に付加価値を与え、自らが働く時間に意義をもつ「プロフェッショナル」になるには、できるだけ若いうちに、これらの要素を身につけることが望ましい。

これらの要素を身につけることで、確実に社会に貢献できる舞台が広がり、多くの「ありがとう」をもらえる機会が増えるはずだ。

本書はタイトルに「新人コンサルタント」とあるが、内容は、新人レベルを超えたものになっている。とはいえ、このレベルを遅くても30代半ばまでには、自分の血や肉としてほしい。

本書を読んでいただいたあなたが、一線で活躍する際に、本書がその一助となることを信じ、そして願ってやまない。

前述のように、私自身は、一線から後方支援へと徐々にシフトしつつある。後方支援活動で、私ができる「仕事を通した社会への貢献」は、一線で活躍するみなさまを通した間接的なものになる。

「松浦剛志／セミナー」とGoogleで検索をしていただければ、年間50日近くおこなっているセミナーがヒットするので、本書に限らず、今後も、セミナーなどを通して、読者のみなさまを後方支援できれば幸いである。

本書のテーマである、問題解決のセミナーは、引き続き実施していく予定だ。本書を読んだ後に「問題解決を本の内容に沿って体感的にとらえてみたい」、本書を読む前の友人・同僚・部下に「問題解決の手法を、てっとり早く、体系的に理解させたい」ならば、セミナーにぜひ参加していただきたい。

「一線で活躍するみなさまを通して、間接的ではあるが、社会に貢献をしたい」。これが私の切なる願いである。

この本を手にとっていただいた読者のみなさまに、心に留めておいてほしい課題がもう１つある。それは、

「もっと多くの人から『ありがとう』といってもらうために何ができるのか？」ということである。

私は、この課題が達成された先に、本当の幸せがあると思う。

私たちは人に貢献できたときに「ありがとう」という言葉をもらう。

「ありがとう」をもっとたくさん、もっと多くの人からもらえるために、何ができるのだろうか。

この課題の答えを求め続けてほしい。

「キレイごとを言って、所詮、ビジネスは金儲けだ！」という意見もある。確かに、お金は、体にとっての血液と同じように、この社会に不可欠なものだ。血液がまわらないと体が機能しないように、お金がまわらないと社会が機能しない。

しかし、私たちは血液を潤沢にまわすために、人生を歩んでいるのではない。同じように、お金は目的ではなくて、手段として必要不可欠なのだ。どんなに感謝されるサービスも商品も、お金がまわらなくては、供給し続けることができなくなる。

「では、儲けもせず、一方で損もしないというスタンスでいいのでは？」という考えもあるかもしれないが、ちょっと待ってほしい。

サービスや商品を生み出すビジネスにはリスクがつきものである。

サービスや商品のアイデアに賛同し、投資のリスクをとった投資家に対して、「ありがとう」と配当を支払う必要がある。

ビジネスの世界で働くものが、投資家に対して、適正なリターンを確保するために様々な問題を解決していくことは、「ありがとう」を社会から永続的に引き出す上で不可欠である。

ビジネスを通して、社会の問題を解決することができたら…

これから生まれてくる世代からも感謝されることができたら…

私たちの人生は、もう１歩、幸せの方に近づくはずだ。

「ありがとう」をもっとたくさん、もっと多くの人からもらうために、何ができるのか。この課題に答えを出していってほしい。

私は47歳。読者のみなさまよりも齢を重ねていることだろう。しかし、まだ20年近く働ける。

分野、役割は違えど、ともに、もっと大きな問題を解決していこうではないか！

著者を代表して

松《まつ》浦《うら》　剛《たけ》志《し》

株式会社プロセス・ラボ

プロセスを「理解／改善／評価」するための卓越したノウハウをもとに、経営戦略の実行プロセスを支援する、経営コンサルティング会社。企業研修や公開セミナーもおこなっており、経営戦略のP（D）CAや、論理的思考力、会計的思考力を取り扱っている。

〈連絡先〉
株式会社プロセス・ラボ
代表取締役　松浦剛志
〒164-0013
東京都中野区弥生町1-28-12
問い合わせ窓口　Info@pro-lab.jp
http://www.pro-lab.jp

松浦剛志（まつうら　たけし）

東京都町田市出身。1969年9月9日生まれ。
株式会社プロセス・ラボ代表取締役。
1993年、京都大学経済学部卒。大学卒業後、東京銀行（現・三菱東京UFJ銀行）企業部・審査部にて融資審査・事業再生などを担当。その後、株式会社グロービス（MBA教育・ベンチャーキャピタル）にてグループ全体のコーポレート業務、アントレピア株式会社（投資ファンド）にて投資先企業の育成・業績モニタリングなどを実施する。2002年、戦略／人事／会計をトータル的に支援するコンサルティングファーム、有限会社ウィルミッツを創業。2006年、業務改善コンサルティングをウィルミッツから分社化し、株式会社プロセス・ラボを創業。現在2社の代表取締役。

中村一浩（なかむら　かずひろ）

神奈川県横浜市出身。1978年3月2日生まれ。
上智大学理工学部卒業。事業構想大学院大学修士課程修了。株式会社ミスミグループ本社、株式会社リクルートホールディングスなどを経て独立。専門領域は人材育成・組織活性、事業開発。企業研修では、累計1000名以上への講義実績。現在注力しているのは「対話」を通じたイノベーションの創出。代表的な取組みとして、長野県小布施町、慶應義塾大学大学院SDMとの共同事業である「小布施インキュベーションキャンプ」がある

新人《しんじん》コンサルタントが入社時《にゅうしゃじ》に叩《たた》き込《こ》まれる
「問題解決《もんだいかいけつ》」基礎講座《きそこうざ》

2016年 6月1日　初版発行

著　者　松浦剛志 ©T.Matsuura2016
　　　　中村一浩 ©K.Nakamura2016
発行者　吉田啓二

発行所　株式会社日本実業出版社　東京都文京区本郷3-2-12 〒113-0033
　　　　　　　　　　　　　　　　大阪市北区西天満6-8-1 〒530-0047

編集部 ☎03-3814-5651
営業部 ☎03-3814-5161
振　替　00170-1-25349
http://www.njg.co.jp/

印刷／厚徳社　製本／若林製本

この本の内容についてのお問合せは、書面かFAX（03-3818-2723）にてお願い致します。
落丁・乱丁本は、送料小社負担にて、お取り替え致します。

ISBN 978-4-534-05389-3 Printed in JAPAN